# 乡村创新体系建设与
# 地方政府行为研究

何泽军　刘　芳　李世欣　著

中国农业出版社

北　京

**图书在版编目（CIP）数据**

乡村创新体系建设与地方政府行为研究 / 何泽军，刘芳，李世欣著. —北京：中国农业出版社，2020.10
ISBN 978-7-109-27503-4

Ⅰ.①乡… Ⅱ.①何… ②刘… ③李… Ⅲ.①地方政府—经济行为—关系—农村经济发展—研究—中国 Ⅳ.①D625②F323

中国版本图书馆 CIP 数据核字（2020）第 204764 号

中国农业出版社出版
地址：北京市朝阳区麦子店街 18 号楼
邮编：100125
责任编辑：王秀田
版式设计：杜　然　责任校对：吴丽婷
印刷：北京大汉方圆数字文化传媒有限公司
版次：2020 年 10 月第 1 版
印次：2020 年 10 月北京第 1 次印刷
发行：新华书店北京发行所
开本：700mm×1000mm　1/16
印张：12
字数：220 千字
定价：58.00 元

# 内 容 摘 要

当前，我国正在奋力推进乡村振兴战略，提升乡村创新能力对于乡村振兴战略实施具有重要现实意义。加快推进乡村创新体系建设，提升乡村自主创新能力，是乡村经济社会高质量发展的重要支撑，是我国建设创新型国家的重要组成部分。地方政府作为区域创新体系中的重要主体之一，在推动乡村创新体系建设中发挥着不可替代的重要作用。现阶段，我国乡村创新体系建设处于起步阶段，乡村振兴战略对乡村创新体系建设及其中的政府行为提出了新要求。然而地方政府为何一定要介入乡村创新体系建设？应该实施什么样的行为？怎样正确施行？这些问题还有待进一步明确。本书围绕这些问题展开探讨，主要内容如下：

一是在分别阐述区域创新理论与政府行为理论的基础上，分析了乡村创新体系建设中市场与政府之间的关系。发现乡村创新体系建设对于支撑乡村振兴、转变农业农村发展方式、提升农业国际竞争力等方面具有重要意义，但乡村创新体系建设中由于信息不对称、外部性、创新的公共品特征、创新体系初始阶段的薄弱性等而存在"市场失灵"现象，政府介入其中具有客观必然性。本部分包括第一、二、三章，重在解析乡村创新体系建设的必要性以及政府介入其中的必然性。

二是分析了乡村创新体系建设内容以及地方政府在其中的职能。依据乡村创新体系的内涵和构成，将科技创新子系统、技术推广子系统、成果应用子系统、技术服务子系统作为乡村创新体系建设的主要内容。这四个子系统的建设都需要地方政府发挥应有的职能。在科技创新子系统中需要财政支持高校、科研院所与科技企业开展农业技术创新；在推广子系统中需要建立农业技术推广平台机构与激励机制；在应用子系统中需要出台政策引导农业经营主体进行成果转化；在服务子系统中需要完善对应用主体的各种服务支持。地方政府行为的目的在于促进乡村创新体系实现其功能，为此需要地方政府做好创新规则的制定者、创新行为的导航者、创新公共服务的提供者、体系运行的协调者、创新活动的支持者等五种角色；发挥完善市场体系、建立人才培育体系、健全中介服务体系、完善公共服务体系、完善体制机制体系等五种职能。本部分包括第四章，重在回答

"乡村创新体系应该建设什么以及地方政府应该在其中干什么"这一问题。

三是分析了乡村创新体系建设模式以及地方政府在其中的行为方式。根据国内现有乡村创新体系建设经验,主要存在四种模式,即政府主导模式、市场主导模式、混合驱动模式和产学研合作模式。而地方政府在其中的行为主要是争取国家各种科技创新资源、建设各类创新创业平台、培育乡村创新主体、开展科技扶贫下乡、营造乡村创新环境等。本部分内容在第五章,主要聚焦操作层面,回答"乡村创新体系应该怎么建设及地方政府应该怎么做"这一问题。

四是阐述了乡村创新体系建设以及地方政府行为的成效评价。评价乡村创新体系需要建立一套指标体系,可以根据不同特点采用不同的方法。而对政府行为的效果评价,主要是评价其相关政策效果。这里介绍了产业政策、融资政策、人才政策与财税激励政策等创新政策,介绍了相应的评价方法。本部分重在回答"如何评价乡村创新体系建设效果以及地方政府行为的效果"这一问题。

五是对河南乡村创新体系建设与政府行为进行实证分析。首先,分别对河南乡村创新体系不同子系统建设现状进行分析,内容涉及农业科技创新子系统、成果转化子系统、推广应用子系统、县域(乡村)创新子系统等运行状况。发现河南乡村创新体系建设中技术创新发展良好、农业科技园区建设效果显著、县域科技创新能力差异较大等;但存在科技进步贡献率不够高、人才与资金投入不足等问题。其次,实证分析了河南乡村创新体系建设中地方政府的职能界限与行为表现。发现政府在乡村创新体系中的职能发挥主要依靠科技管理部门发挥作用。这些作用突出表现在制定创新政策、培育创新型企业、支持创新人才队伍建设、建设创新载体、营造创新环境、促进科技扶贫等方面。再次,评价了河南乡村创新政策实施效果。发现乡村创新政策的制定与执行带来六大效应,即成本降低、服务改进、投入增加、产出增加、过程有序、社会影响扩大等。最后,在借鉴国内外典型地区乡村创新体系建设中政府行为经验做法的基础上,提出了河南乡村创新体系建设政府行为优化的对策建议,包括职能领域方面的构筑乡村创新战略规划、营造良好创新环境、建立完善创新激励机制、突出创新人才队伍建设等;包括行为改造方面的转变观念、理清政企关系、明确行为边界、完善体制机制等。本部分包括第七到第十一章,重在结合河南乡村创新体系建设与政府行为的特例解析上述理论分析。

# 前　　言

乡村振兴亟待科技创新助力。2020 年 7 月习近平总书记在视察吉林时强调:"农业现代化,关键是农业科技现代化""要抓住实施乡村振兴战略的重大机遇,坚持农业农村优先发展,夯实农业基础地位,深化农村改革"。乡村振兴,本质上是农业农村现代化的过程。世界经验表明,科技创新是推进农业农村现代化的根本动力。近年来,我国农业农村发展虽然取得了巨大成就,但仍然面临着农业供给质量亟待提高、农村环境和生态问题比较突出、新型职业农民队伍建设亟需加强等严峻挑战。破解这些矛盾和问题,绘好乡村振兴美丽画卷,迫切需要科技创新的助力。

科技创新依赖创新体系建设。实施乡村振兴战略对乡村创新体系建设提出了新的要求。乡村创新体系是在乡村范围内,由地方政府、企业、研发机构、高等院校、中介机构等创新主体组成并相互作用的,以推进乡村创新为目的的创新网络。相对于城市创新体系,乡村创新体系由于研发机构、高等院校等知识创新主体较少以及企业技术创新能级不足等而在创新成果产出方面严重不足,这与乡村振兴对科技创新的迫切需求不相适应。因而,未来较长一段时期,建设乡村创新体系是推进实施乡村振兴战略的一个重要方面。

乡村创新体系建设必须有地方政府介入。乡村创新资源的稀薄性决定着创新体系功能的薄弱性,也决定着地方政府在其中作用的主导性。乡村创新体系建设中,企业作为创新主体吸纳高端创新要素的能力不足,需要地方政府以其较强的信用能力与协调沟通能力为企业背书或站台。而基于现代地方政府是"有限政府、有为政府、有效政府、协同政府"的前提假设,地方政府介入乡村体系建设必须把握边界、注重内容、加强服务、注重协同。

本书主要围绕乡村创新体系建设以及地方政府在其中的作用展开。在阐述理论基础的前提下,首先论述了乡村创新体系建设的意义以及地方政府介入的必要性，乡村创新体系建设内容与地方政府行为边界，乡村创新体系建设模式与地方政府行为方式，乡村创新体系建设评价以及政府政府行为评价等内容；其次以河南省为例，介绍了河南省乡村创新体系建设的现状、地方政府在其中的行为现状、乡村创新政策评价等内容，最后在借鉴国外经验的基础上，指出河南乡村创新体系建设中政府行为重点以及行为优化措施。

本书主要内容撰写分工如下：第一、三、四、五、六章（河南农业大学何泽军教授）；第二、七、八、九章（河南工程学院经济贸易学院刘芳老师）；第十、十一章（河南农业大学机电学院李世欣老师）。全书由何泽军审阅定稿。本书得以出版，得益于河南农业大学经济与管理学院青年项目（2017qnzz001）、河南省软科学重大研究项目（202400410013）的资助。本书同时也得到以下老师的帮助与指导：谷建全研究员（河南省社会科学院院长），对研究内容框架提出了很好的建议；张伟研究员（河南省农业科学院农经所教授），在写作过程中提供了大量数据资料并给予了反复多次的内容指导；马恒运教授（河南农业大学经济与管理学院院长），对初稿提出了许多宝贵的修改意见以及督促出版成书；刘彦宾处长（河南省科技厅农村处），给予了许多下乡调研机会并提供了许多一手数据资料；经济与管理学院姬一帆、郭炜等硕士研究生也积极参与调研与数据整理。与中国农业出版社闫保荣主编、王秀田编辑虽一直未曾谋面但打过多次交道，她们多次热忱主动的电话展现出其助人为乐、与人为善、认真负责的优良品德与工作态度。这本拙作的出版，是对上述机构和老师的衷心感谢！

本书在撰写过程中，虽然根据专家们提出的修改意见做了大量修改，但由于时间与能力限制，终不能止于至善，还有待进一步学习与改进。抱着求教专家与读者的思想，不揣浅陋，付诸印刷，还请各位读者朋友多多批评指教。

作　者

2020 年 10 月

# 目　　录

# 第一章　乡村创新体系理论基础

乡村创新体系是相对于城市创新体系而言的，都是区域创新体系的组成部分。但相对于城市创新体系，学者对乡村创新体系的研究探索较少。现就其概念、要素构成、理论基础分别介绍。

## 第一节　乡村创新体系的内涵

乡村是区域的概念，乡村创新体系源于区域创新体系。通过介绍区域创新体系的类型、特征与内涵，可以明晰乡村创新体系的概念内涵。

### 一、乡村创新体系的界定

#### (一) 区域

不同学科对区域的理解并不相同，在地理学上，它是指一个地理单元，如大陆区域、海洋区域等；在经济学上，它是指一个相对完整的经济单元，如长三角区域、中原经济区等；在政治学上，它是指国家行政管理的行政单元，如河南省、长葛市等区域；在社会学上，它是指具有某些相同社会特征的集聚社区，如少数民族居住区等。

无论是哪种学科的理解，区域都具有一些基本属性：是一个单元，是整体的一部分，占有一定的空间；具有一定的范围与界限，其范围往往依据需要而定；具有一定的体系结构形式，是一种上下左右纵横交织的结构，具有层次性或分级性；是一种客观存在。

在地理空间和经济社会生活方面，区域可以划分为乡村区域和城市区域。乡村在地理空间上处于农村，在经济社会生活上是以农业生产与农民生活为主的相对独立的经济单元。但按照我国千百年来形成的以行政区域为主导的传统划分，本书中的区域也指政治学上的行政单元。基于本书的研究目的，本书所指的区域实际上是指地理、经济与行政意义复合的区域概念，而且根据区域的层次性，本书所指的乡村区域主要指县级及其以下的行政区域与地理、经济区域。

## （二）区域创新体系的概念

区域创新体系（Regional Innovation System，RIS），亦称区域创新系统，最先是由英国学者库克（Philip Nicholas Cooke，1992）[①] 提出。他认为区域创新体系是"企业和其他机构通过根植性为特征的制度环境系统地从事交互学习"；是"由地理上相互关联的企业、科研机构和高等学校等构成的组织系统，这种体系支持并产生创新"。库克的概念强调了根植性与制度环境，强调主体机构之间的交互学习，强调了该体系产生与运行的目的——产生创新。

在库克之后，魏格（Wigg，1995）[②] 认为区域创新体系包括：生产新产品的企业、培养创新人才的高等教育机构、产生创新知识与创新技术的科研院所、支持或约束创新活动开展的政府机构、开展沟通服务的商业或金融机构等。魏格将政府与中介机构纳入区域创新体系中，并大致界定了每种机构在创新体系中应该发挥的功能或作用。奥拓（Autio，1998）[③] 将不同主体归类为不同子系统，认为区域创新体系由"知识应用和利用子系统"和"知识产生和扩散子系统"构成，这两个子系统之间相互作用，产生知识流，推动区域创新体系演化。其中，企业与其周围的供应商、顾客、合作者、竞争者一起构成"知识应用和利用子系统"，企业位于该子系统的中心；高校、科研院所、相关中介和公共机构一起构成"知识产生和扩散子系统"。奥拓从系统论的角度认识区域创新体系的构成，指出不同子系统的功能，强调系统之间的互动是系统演化的动力所在。

库克（Cooke，2000）[④] 对区域创新体系的概念又作了进一步说明，认为区域创新体系是指在一定的地理范围内、经常性地、密切地与区域企业的创新投入相互作用的创新网络和制度的行政性支撑安排。库克的这一定义从网络角度强调了区域创新体系运行的复杂性，并强调了政府在其中的"行政性支撑安排"作用。戴维德与多罗鲁（David & Dolor-

---

① Cooke P. Regional Innovation Systems：Competitive Regulation in the New Europe［J］. Geofonrm，1992：23.

② Wiig H，Wood M. What comprises a regional innovation system-An empirical study［J］. European Planning Studies，1995（07）：3.

③ Autio E. Evaluation of RTD in Regional Systems of Innovation［J］. European Planning Studies，1998，6（2）：131－140.

④ Cooke P，Boekholt P，Todtling F. The Governance of Innovation in Europe：Regional Perspective on Global Competitiveness［M］. New York：New York Pinter，2000：21.

eu，2003)① 从主体关系的角度认识区域创新体系，认为区域创新体系包含两方面的内容：一是创新活力，即企业与大学、研究机构之间的密切联系；二是治理安排，即区域可以看作是一个政体，可以通过某种治理安排（如制度政策）来促进或支持创新活力不断出现。戴维德等人的概念强调了区域创新体系的活力所在，强调了政府在其中的作用，增加了区域创新体系概念的可操作性。马歇尔等（Michaela Trippl，2007)②从系统观出发，认为区域创新体系是由知识创造和扩散子系统（研发机构、教育机构、技术中介和其他支持机构）、知识应用和开发子系统（企业以及他们的客户、供应商、竞争对手和合作伙伴）、区域政策子系统（区域政府组织和发展机构）、区域知识流和技能、区域社会经济制度因素（共同的习惯、程序、惯例和规则，即社会体制和文化环境）等5个核心子系统构成的一个完整的体系。马歇尔等把区域政策纳入系统中，为政府介入并发挥作用提供理论基础；另外也把知识流与技能、社会经济制度因素等作为子系统提出，显示了主体要素之间互动的重要性以及创新体系制约因素的必要性。

国内一些学者基于国外概念与我国实践，也对区域创新体系作出不同的解释，详见表1-1。

表1-1　国内部分学者关于区域创新体系的定义

| 研究者 | 定　义 | 备注 |
|---|---|---|
| 冯之浚（1999)③ | 是由某一地区内的企业、大学和科研机构、中介服务机构和地方政府构成的创新系统 | 主体要素构成角度 |
| 胡志坚、苏靖（1999)④ | 是由技术发展和扩散的企业、大学和研究机构组成的，并有市场中介服务组织广泛介入和政府适当参与的一个创造、储备和转让知识、技能和新产品的相互作用的创新网络系统 | 要素构成与功能的角度 |
| 黄鲁成（2000)⑤ | 是特定经济区域内，与创新相关联的各种主体要素（创新机构或组织）与非主体要素（创新所需的物质条件）以及协调各要素之间关系的制度和政策网络 | 关系与网络视角 |

① David，Doloreux. What we should know about regional systems of innovation [J]. Technology in Society，2002，4 (3).
② Michael Trtpp，Franz，Dting. Developing Biotechnohgy Clusters in Non-high Technology Regional：the Case of Austria [J]. Industry and Innovation. 2007，14 (1)：47-67.
③ 冯之浚. 国家创新系统的理论与政策 [M]. 北京：经济科学出版社，1999 (01)：12.
④ 胡志坚，苏靖. 关于区域创新系统研究 [N]. 科技日报，1999：10 (16).
⑤ 黄鲁成. 关于区域创新系统研究内容的探讨 [J]. 科研管理，2000 (3)：43-48.

（续）

| 研究者 | 定　义 | 备注 |
|---|---|---|
| 中国科技发展战略研究小组（2002） | 是一个区域内有特色的、与地区资源相关联的、推动创新的制度组织网络，其目的是推动区域内新技术或新知识的产生、流动、更新和转化 | 网络与功能视角 |
| 刘斌（2003）① | 是在一定经济区域内与创新活动相关的制度、组织、机构和环境因素共同所组成的网络系统，由主体、环境和联系三个部分构成 | 网络 |
| 邹再进（2006）② | 是指在特定的经济和行政区域内，各创新活动的主体彼此发生作用，借助各种创新资源，利用各种创新条件和各种创新手段，建立起来的有利于推动知识创新、技术创新、知识传播和知识应用的开放的、复杂的、社会经济网络系统 | 社会经济网络 |

　　上述对区域创新体系的定义存在一些差别，首先，在定义的角度上，既有从构成要素与结构的角度，也有从组织形式与运行方式角度，还有从作用与功能角度。其次，在区域创新体系的功能上，大多定义认为主要功能是技术创新，但也有认为是知识创新、知识扩散、知识应用，甚至制度创新、组织创新；再次，在构成要素上，一般认为包括企业、大学、科研机构、政府、中介机构等创新主体，但也包括创新资源、创新环境等。还有，在区域的界定上，一般认为是经济区域，也有认为是行政区域或技术区域。最后，在创新体系的性质上，一般认为是一个技术系统，但也有认为是社会经济系统。

### （三）乡村创新体系

　　国外尚未发现关于乡村创新体系的严格定义，国内陈劲教授（2018）③ 首先正式提出乡村创新系统概念。认为乡村创新系统是指围绕乡村振兴与可持续发展主题，各种与创新相关的主体要素（创新的主体和组织机构——包括农民、基层政府和自治组织、中小企业等）和非主体要素（创新所需要的物质、资源条件），地理要素与时空要素，以及协调各要素之间关系的制度、政策和文化在创新过程中相互依存、相互作用而形

---

　　①　刘斌．构建区域创新系统的难点与对策 [J]．中国科技论坛，2003（02）：18.
　　②　邹再进．对区域创新系统内涵的再认识 [J]．云南财经大学学报，2006（03）：23.
　　③　陈劲，尹西明，赵闯，等．乡村创新系统的兴起 [J]．科学与管理，2018：38（1）.

成的社会经济系统。通过与区域创新体系概念相比可以看出，陈劲教授是从系统学的要素与结构层面界定这一概念的。

孙占等（2014）[①] 学者认为乡村创新系统实际上是基层科技创新体系，包括基层科技创新的组织与管理系统、环境系统及目标系统（图1-1）。

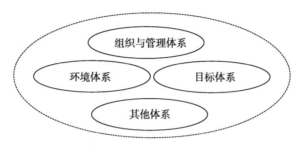

图1-1 孙占等认为的乡村创新体系及其子系统构成

其中，组织与管理系统是基层科技创新所涉及的企业、研究院所、金融、中介服务和基层政府等主体要素及其相互作用，是一个具有本地特色、综合开放的组织网络系统。环境系统包括科技资源、法律制度、社会舆论、基础设施等环境要素在内的系统。目标系统是指目标的多层次体系，在县（市）行政单元层面，目标是通过有效吸收、整合县（市）内外的科技和创新资源，促进县（市）内广泛开展科技创新活动，应用、普及和推广创新成果，提升县（市）竞争优势，促进县域经济社会发展；在区域和国家层面，目标是整个区域和国家的科技进步、经济发展和创新能力提升，这两个层次构成一个目标体系。

罗雪英、张明火（2016）[②] 提出基于群落生态学的县域创新生态系统，可以认为是乡村创新系统。他们认为县域创新生态系统是各创新主体、内容、方法和手段在创新环境、模式和机制的作用下，相互推动、相互制约、协同推进的一个动态平衡系统（图1-2）。

如图1-2所示，按照罗雪英、张明火的研究，县级政府在县域创新生态系统中居于中央地位，是响应创新环境、协调其他主体参与创新的中枢力量，也是建立机制、协调分配各种创新资源的中坚力量。创新生态系统的目的在于知识的产生、流动、更新和转化，支撑县域特色产业和经济

① 孙占，张玉赋，汤淏. 基层科技创新体系基本理论研究 ［J］. 科技进步与对策，2014（07）：32-36.

② 罗雪英，张明火. 基于群落生态学的县域创新生态系统研究 ［J］. 创新科技，2016（7）：33-36.

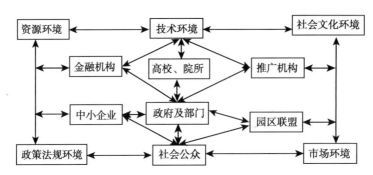

图 1-2 基于群落生态学的县域创新生态系统

社会的快速发展。

### (四) 与城市创新系统的区别与联系

乡村创新系统与城市创新系统同属于区域创新系统。从与城市创新系统进行对比的角度，可以更深入地理解乡村创新系统。这里从创新目标、创新主体、基本要素等 10 个维度对两个创新系统进行对比（表 1-2）。

表 1-2　乡村创新体系与城市创新体系的比较

| 比较维度 | 乡村创新体系 | 城市创新体系 |
| --- | --- | --- |
| 创新目标 | 消灭贫困、乡村振兴、可持续发展 | 产业升级、智慧城市、可持续发展 |
| 创新主体 | 新型农民、基层政府、乡村自治组织、中小企业、集体企业 | 企业、企业家、政府、大学和研究机构 |
| 基本要素 | 劳动力、资金、知识、信息、技术、土地、制度、文化、规范 | |
| 创新模式 | 新农合、科技下乡、城乡联动、互联网＋、科技成果转化 | 科技创新驱动、产学研协同创新、开放式创新 |
| 创新环境 | 网络松散、小农经济、劳动密集型、市场机制不完善、创新资源不足、创新基础设施滞后、交易成本高、创新资源存量少、流动性低 | 基础设施完善、创新资源（产业、人才、资源、政策）集聚、网络主体互动密集、市场经济发展成熟、资源流动充分 |
| 创新挑战 | 农村空心化、城乡发展不均衡、自我发展能力弱、土地与产权改革遇瓶颈、创新资源配置效率低、社会治理面临挑战 | 交通拥挤、环境污染、产业升级、生活成本高、可持续发展面临挑战 |
| 作用机制 | 农业现代化、在地城镇化、一二三产业融合发展、创新治理 | 新型工业化、城镇化、信息化 |

（续）

| 比较维度 | 乡村创新体系 | 城市创新体系 |
| --- | --- | --- |
| 产业依托 | 现代农业、现代旅游业、手工业 | 第二产业、第三产业、战略性新兴产业 |
| 创新人才 | 新型职业农民、返乡农民工、创业者、大学生村官 | 高校人才、企业研发人员、海外人才 |
| 创新政策 | 较少、落实难 | 较多、执行高效 |

资料来源：陈劲，尹西明，赵闯，等．乡村创新系统的兴起 ［J］．科学与管理，2018，38 (1)：1-8.

### （五）与产业创新体系的区别

产业创新体系最早是在 20 世纪 90 年代由 Malerba、Breschi 等人提出。对于产业创新体系的理解可以从国家、技术、进化经济学三个层面展开。从国家层面上看，产业创新体系是国家创新体系的重要组成部分，强调与产业相关创新合作与组织网络在推动创新中的作用[①]；从技术层面看，是通过采取激励措施推动对于国家或区域具有重要战略地位的产业的相关技术发展[②]；从进化经济学看，产业创新系统有独特的知识基础、技术、供给和需求，能够自我演化并进而推动区域经济发展[③]。本书以为，产业创新系统是从产业技术角度切入，以企业为创新主体，以制度为调节机制，通过不同创新行为者的合作互动与创新环境营造推动产业发展的系统。产业创新体系包括系统目标、三个子系统（技术子系统、组织子系统、制度子系统）以及系统环境，最终目的是实现产业创新。

由上可知，乡村创新体系是面向区域，目的是推进乡村区域创新发展；产业（农业）创新体系是面向产业，目的是推动产业（农业）创新发展。农业创新体系是乡村创新体系的一个重要组成部分，是乡村创新体系的主体部分。

从以上关于乡村创新体系概念的梳理中可以发现，乡村创新体系的基本内涵可以归纳为：发生在乡村地域空间；以政府、企业、研究机构、金融和中介机构为主要创新主体；各创新主体之间通过发挥自身功能而相互联系并形成创新体系的结构；创新主体通过相互联系以及与环境的相互作

---

① 柳卸林．21 世纪的中国技术创新系统 ［M］．北京：北京大学出版社，2000：233-248.

② 张治河．面向"中国光谷"的产业创新系统研究 ［D］．武汉理工大学博士论文，2003.

③ Malerba F. Sectoral systems of innovation ［A］. the Oxford Innovation Handbook ［C］. New York：Oxford University Press，2005：380-406.

用而实现系统的持续运转与创新功能的实现。本书以为，乡村创新体系是在乡村范围内，由地方政府、企业、研发机构、高等院校、中介机构等创新主体组成并相互作用的，以推进乡村区域创新为目的的创新网络。本书主要研究省域范围内的乡村创新体系。

## 二、乡村创新体系的分类与特征

### （一）乡村创新体系的分类

借鉴库克（1998）和江蕾（2008）对区域创新体系的分类，从创新治理主体的主导权归属层面，可以将乡村创新体系分为统制型创新体系（主要由政府治理）、网络型创新体系（多主体共同治理）和农业产业创新体系（企业主导治理）三种类型，三种类型的特征可见表1-3。

表1-3　乡村创新体系的类别划分及特征

| 类型 | 技术活动 | 资金来源 | 研究类型 | 协调程度 | 技术专业化水平 |
| --- | --- | --- | --- | --- | --- |
| 农业产业创新体系 | 涉农企业 | 企业为主 | 应用 | 较低 | 较高 |
| 网络创新体系 | 多层面 | 多主体 | 推广与应用 | 较高 | 高低并存 |
| 统制创新体系 | 政府决定 | 政府 | 推广与应用 | 很高 | 较高 |

农业产业创新体系以产业化龙头企业为创新活动的主要组织者和管理者，龙头企业自己研发或联合高校或科研院所研发，或者从其他创新主体引进所需技术，依托技术组织开展生产经营活动；不仅如此，产业化龙头企业也通过技术赋能其他中小企业或农户，推动技术进步。农业产业创新体系目标是发展农业产业技术，提升农业技术水平。

统制创新体系是以地方政府为主要的创新活动组织者和管理者。政府搜集乡村区域产业发展或乡村发展所需技术，委托或者购买高校或科研院所研究相关技术，组织推广机构或中介机构推广应用技术，组织金融机构提供相关资金支持使技术迅速转化为生产力。统制创新体系目标是提升乡村整体创新能力。

网络创新体系介于农业创新体系与网络创新体系之间，是政府、企业、推广机构等共同组织创新活动，推动技术等创新成果推广使用。

借鉴库克（2000）和毛艳华（2007）[①] 的研究，依据社会根植性、

---

① 毛艳华. 区域创新系统的内涵及其政策含义 [J]. 经济学家，2007（2）.

创新主体创新环境以及主体互动程度等，可以将乡村创新体系分为根植性创新网络、乡村性的创新网络、乡村化的国家创新系统等三种类型，见表1-4。

表1-4  基于根植性、互动性的乡村创新体系的类别

| 类别 | 性质 | 特征 | 功能 |
| --- | --- | --- | --- |
| 根植性的创新网络 | 专业化农业园区的中小企业网络 | 本地农业企业自发互动的学习过程中，技术转移活动基本在当地进行，多以产业技术为主 | 支持和促进适合乡村的技术发展和组织学习 |
| 乡村性的创新网络 | 国家政策促进乡村创新能力所导致的结果 | 以本地互动的学习为特征，通过加强乡村基础设施来提供知识和增强本地企业的竞争优势 | 形成乡村整体创新能力，抵消乡村企业技术锁定现象 |
| 乡村化的国家创新系统 | 乡村与城市或其他创新系统的融合 | 以正式的技术知识交流为基础，合作更可能产生在那些有着相同职业或教育背景的人群中 | 乡村与外部主体加强、推动有关乡村的知识创新和分享 |

资料来源：根据毛艳华（2007）的研究整理。

目前关于乡村创新体系的分类不多，由于本书主要研究省域范围内的乡村创新体系建设，本书采纳库克（1998）与江蕾（2008）的分类方法，即乡村创新体系包括农业产业、网络、统制型三种创新体系。

**（二）乡村创新体系的特征**

由乡村创新体系的概念与分类可以看出，乡村创新体系是一个开放的系统，内部是由多个子系统构成的大系统。乡村创新系统不仅具有区域创新体系的系统性、动态性、开放性等特征，而且具有自身的基础性、地域性等特征。

系统性特征。作为一个系统，要有要素、子系统、功能等组成部分。乡村创新体系是由若干要素组成的子系统之间相互作用而形成的大系统。创新行为主体构成主体要素，主体之间相互作用所构成的网络形成子系统，系统之间相互作用实现创新产出是其功能。创新能否取得产出成果，不仅要看创新主体的相关要素，而且要看主体之间的相互作用；创新不仅仅涉及经济还涉及到科技和社会。

动态性特征。系统时刻发生变化，不仅是系统内部要素之间，而且系统与外部要素之间都在随着时间变化而发展改变。系统要素构成及相互作

用随着时间不同而产生不同的功能结果。

开放性特征。系统是开放的，时刻与外界进行着物质与能量交换。不仅区域创新体系内部各要素之间互相联系，而且各要素与外界之间存在着知识与信息的交换。由于多数县（市）没有大学和科研院所等科研活动主体，因而，乡村创新体系中的知识创新活动一般需要依靠外援，这就决定了乡村必须对外开放，吸纳外来技术与知识。

基础性特征。县域是乡村的代表，在乡财县管的现行行政管理体制下，县是一级完整的政府。从创新自主权的把握看，县级政府有足够的自主权决定建设创新体系与否和建设什么样的创新体系，因而乡村创新体系实际上主要指县域创新体系。乡村创新体系在国家创新体系中处于基本层次，是国家创新体系和区域创新体系的基本单元，也是其基础与基柱。

地域性特征。地域性特征亦称为根植性特征，主要指县（市）科技活动重点是引进适合本地经济需求的相关科学技术，具有很强的地域性特征。乡村归属于特定的县域空间，县域政府具有完全的功能和一定的决策与调控权限，在政府政策引导方面将侧重适合本区域的技术开发和推广使用，强调科技成果的本土化和产业化，以技术应用支持本地特色优势产业的发展。

# 第二节　乡村创新体系的功能及主体要素

乡村创新体系具有特定的功能，这些功能是由若干主体要素相互协作来实现的，不少主体要素在创新体系中发挥的作用不同。

## 一、乡村创新体系的整体功能

任何系统都要输出一定的功能。乡村创新体系的功能在于支撑乡村经济社会发展。这一点可以从其概念中推导出来。陈劲等（2018）认为乡村创新体系建设的目的在于加快乡村振兴，完成精准扶贫和反贫困目标，实现诚信联动、可持续和包容性发展；孙占等（2014）认为乡村创新体系建设的目的在于有效吸收、整合县（市）内外的科技和创新资源，促进县（市）内广泛开展科技创新活动，应用、普及和推广创新成果，提升县域竞争优势；罗雪英、张明火（2016）认为乡村创新生态系统建设的目的在于知识的产生、流动、更新和转化，支撑县域特色产业和经济社会的快速发展。

由上可知，乡村创新体系的整体功能在于输出支持乡村经济社会发展所必需的信息技术等知识。

## 二、乡村创新体系的主体要素

乡村创新体系的主体要素构成源于区域创新体系的构成要素，不少学者对区域创新体系的构成要素作了大量研究。萨门撒等（Samantha & Cristina，2007）[①] 认为区域创新体系是由企业或企业集群、支持企业的创新机构（大学、科研院所等）或其他机构（金融、中介等），以及三类主体之间的互相作用构成的。斯廷伯格（Sternberg，2009）[②] 认为区域创新体系是由区域内所有影响创新的构成要素，如企业、研发机构、高校等相互作用形成的。惕得岭（Ttldtling，2009）[③] 认为区域创新体系是由内生性组织（包括大学、科研与教育机构、创新型企业）以及其他支持知识转移和创新融资的组织构成的，其中企业和研究机构之间的互动至关重要。瑞拉等（Revilla Diez，2009）[④] 从系统的角度认为区域创新体系包括企业、知识密集型服务机构、知识生产和传播机构（大学、理工学院和公共资助的研究机构）、人力资本、中介机构（技术转移机构、科学园和企业孵化器、金融机构）、区域政策制定和监管机构（如议会、政府部门、其他公共机构和科学与技术委员会等制定机构，专业组织、工会和协会等监管机构）。龚荒、聂锐（2002）[⑤] 认为区域创新体系要素主要包括企业群、政府、大学与科研机构等主体要素以及环境要素。张艳（2005）[⑥] 对区域创新体系的构成要素进行了总结，认为包括主体要素、功能要素、环境要素三大类，每类要素的构成不同。根据上述研究，本书认为乡村创新体系包含下列构成要素，详见表 1-5。

①　Samantha Sharpe & Cristina Martinez. Measuring regional knowledge resources: What do knowledge Occupations have to offer [J]. Innovation Management, Policy & Practice, 2007.9 (3/4): 262-275.

②　STERNBERG. Innovation [M]. International Encyclopedia of Human Geography. Oxford: Elsevier. 2009: 481-490.

③　TODTLING. Regional Development, Endogenous [M]. International Encyclopedia of Human Geography. Oxford: Elsevier, 2009: 208-213.

④　Revilla Diez. M Kiese. Regional Innovation Systems [M]. International Encyclopedia of Human Geography. Oxford: Elsevier, 2009: 246-251.

⑤　龚荒、聂锐. 区域创新体系的构建原则、组织结构与推进措施 [J]. 软科学，2002.6：23-24.

⑥　张艳. 区域创新系统内部机制研究 [D]. 西安：西北工业大学硕士学位论文，2005.6.

**表 1 - 5　乡村创新体系构成要素**

| 要素类别 | 构成要素 | | 要素具体内容 |
|---|---|---|---|
| 主体要素 | 农业企业、研究及推广机构、地方政府及相关部门 | | 各类企业 |
| 功能要素 | 政府 | 县、乡政府 | 政府相关机构 |
| | 物质基础 | 自然资源 | 劳动力、自然资源 |
| | | 公共设施 | 交通、通讯、电力 |
| | 组织基础 | 中介机构 | 孵化器、咨询、中介服务 |
| | | 大学与科研机构 | 大学或科研院所的试验站、园区等 |
| 环境要素 | 非正式规则 | | 民众科学素质、创新接受程度、创新风险认识程度 |
| | 正式规则 | 强制性规则 | 质量、专利、知识产权等法律制度 |
| | | 引导性规则 | 产业、金融、技术等政策方针 |

资料来源：根据张艳（2005）的研究整理。

表 1 - 5 中，行为主体要素包括企业、政府、中介机构（农业推广机构、技术研发机构）、金融机构，不包括大学与科研院所等，但可能有大学或科研院所的试验站、实验园区等；资源要素包括人才、自然资源、公共基础设施、知识、技术、信息等；环境要素包括制度、政策、民众创新氛围等，见图 1 - 2。

值得注意的是，由于乡村较少有高校或科研院所等科技研发资源，在以县级为单位的乡村创新体系中，大学和科研机构就成为环境的一部分。

## 三、乡村创新体系行为主体的功能

乡村创新体系中的每一类要素都有一定的功能作用，但行为主体要素最具能动性，能够影响甚至决定其他要素功能的发挥。因而，这里只介绍行为主体要素的功能或作用。

### （一）企业是乡村创新体系的核心主体

在乡村创新体系中，企业是技术创新的核心主体，是技术应用的主体。作为技术创新主体，企业一般拥有研发试验人员、投入开发资金，根据市场需求与自身基础，以营利为目的开展相关产品创新或工艺创新。为促进技术创新，企业也进行管理创新、文化创新等活动，但主要开展技术创新活动。作为知识应用主体，企业一般要将购买或合作研发获取的知识进行市场化开发，即将知识转化为新技术、新工艺或新产品。在乡村创新体系中，企业为了降低创新成本，分摊风险与费用，往往采取与其他企业、大学或研究机构合作的方式进行技术开发。

乡村创新体系的主要功能是产出创新成果，而企业就是将技术成果转化为生产力，因而企业在整个系统中处于核心地位，见图1-3。

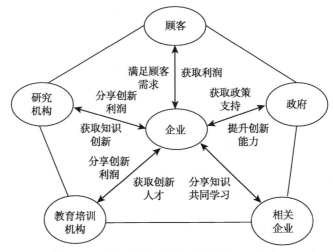

图1-3　企业在乡村创新体系中的核心地位

## （二）政府是乡村创新体系的协调主体

乡村创新体系建设的主要目的是乡村创新能力的提升，这一目的的实现离不开各组成要素之间的高效协作。而协作关系的建立、维持与更新离不开相应的规章制度（正式的或非正式的），制度的供给主体在于政府部门。因而，政府是创新体系运转的协调主体。

关于政府部门的作用，一些学者作了探讨，如吴贵生等（2002）[①] 认为，政府在区域创新体系中的作用依次为营造环境、建设支撑服务体系、协调服务、组织领导、配置资源。曲世友等（2005）[②] 认为，政府对创新活动有很强的影响，主要表现在创新用户、控制与激励创新、支持形成创新的能力、改变创新赖以进行的生产结构等。本书认为政府在乡村创新体

---

① 吴贵生，王毅，王瑛．政府在区域技术创新体系建设中的作用——以北京区域技术创新体系为例［J］．中国科技论坛，2002（01）：32-37．

② 曲世友，邵延学．市场经济条件下政府在国家创新体系中的作用［J］．中国科技论坛，2005（4）：115-117．

系的作用通过三种手段来实现，即战略、政策与规划。战略主要是依据分析乡村创新能力现状，指出创新供给与需求的差距，制定长期连续性的创新战略；政策主要是依据市场职能边界，明确企业创新活动发生的空间与运作范围；规划是依据现有产业优势制定乡村产业或科技发展规划，指导企业创新方向。其中最具操作意义的是政策，见图1-4。

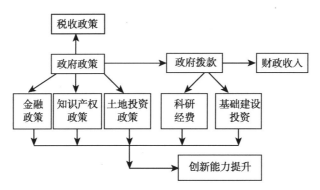

图1-4 乡村创新体系中政府作用图

需要说明的是，政府有中央政府与地方政府之分。地方政府通过制定激励性政策措施，更能直接参与乡村创新体系建设，推动乡村创新活动的快速高效开展。另外，乡村创新体系发展的不同阶段，政府在其中的作用不尽相同。一般说来，政府的作用会随着乡村创新体系发展的不断成熟而逐渐减少。

### （三）科研机构是知识创新的主体

科研机构在乡村创新体系中扮演着知识与技术创造者的角色，不仅创造新思想、新技术，而且把这些新思想、新技术进行成果转化，变成可市场化的技术成果，如专利技术等。科研机构是企业的孵化器，主要作用是为企业产品创新与工艺创新提供相应的知识供给。目前我国科研机构绝大部分是国家或政府创办的公立研究机构，主要包括各种科研院所与一些研究型大学。近年来，随着我国不断重视企业研发机构的设立，出现了一些专门面向乡村的企业研发中心或企业研究院，如乡村振兴研究院等。科研机构与企业具有合作的必然性，一方面企业从科研机构方获取技术资源，进而开发获取市场价值；另一方面，科研机构也需要通过企业了解市场或获取技术转让资金，进而深入探索新知识。

### （四）高等院校是知识创新与人才培养的主体

高等院校在乡村创新体系中的作用主要表现在两个方面，即人才培养与知识创新。高等院校主要从事基础性研究，进行知识创新，为技术创新提供理论支持；研究型大学也为技术创新培养大量基础研究型人才。工程类大学主要从事技术创新的应用性开发，将基础知识转化为技术创新成果；同时工程类大学也培养大量实际应用型人才。我国高等院校数量较多，每年培养的各类人才数量也很多，但大多数人才不愿下到乡村区域。同时，我国高等院校区域分布不均匀，对乡村创新体系构建的影响不一。未来，随着我国经济社会进入创新驱动阶段，对创新体系建设的需求加大，对人才培养质量的需求增加，高等院校需要适当调整人才培养方案，增强在乡村创新体系中的作用。

一些研究型大学集聚了丰富的科技创新人才，拥有科技创新所必须的实验设备、实验材料等科研条件，是科技创新成果的供给者。他们通过技术转让、合作研究、委托研究等方式向企业提供应用技术，同时向企业和社会培养、输送各类创新创业人才。

**（五）中介机构是各主体加强联系的润滑剂**

中介机构在乡村创新体系中的作用主要是搭起技术成果或金融、法律等服务的供方与需方之间的桥梁。中介服务机构既包括像高新技术成果转化服务中心、科技孵化器等科技服务机构，也包括为创新活动提供其他服务的机构，会计师或律师事务所、行业协会、咨询公司、风险投资机构、人才交流服务中心等。

中介机构就是"润滑剂"与"催化剂"，起着沟通企业与政府、科研机构、高等院校等主体的作用。不仅可以降低各主体之间相互联系的交易成本，而且还可以为创新活动筹集资金、提供周到服务，实现资源的有效配置与整合。中介机构具有市场的灵活性与公共服务双重特征，不仅有助于激活市场潜在资源，为乡村创新体系增强活力，而且有助于补充政府的公共服务，调控资源配置。

上述五类主体各司其职，相互合作，共同促使乡村创新体系整体功能的实现。

# 第三节　乡村创新体系相关理论

与乡村创新体系相关的理论主要包括国家创新体系理论、三重螺旋理论、创新网络理论等。其中，国家创新体系理论为乡村创新体系理论提供了分析的基础与基本框架；三重螺旋理论论述了乡村创新体系中三个主要主体的相互作用；创新网络理论论述了乡村创新体系的运行机制。

# 一、国家创新体系理论

## （一）理论产生与发展

国家创新体系理论最早是 20 世纪 80 年代由技术经济理论家和创新理论家纳尔逊和罗森伯格提出。认为国家创新体系（National system of innovation）是一套将一个国家公司的创新交互连接在一起的制度框架。由于这一定义仅仅把创新看作是公司的创新，范围比较狭窄，因而在当时并没有引起广泛的注意。随后，丹麦经济学家伦德瓦尔（Lundvall）① 提出了"创新系统"的概念，认为创新系统是研发实验室、技术研究所与生产体系之间的相互作用。

英国经济学家弗里曼（Freeman）1987 年提出的国家创新系统的概念得到广泛认可。弗里曼认为，国家创新系统是国家内部公共与私有机构不同主体相互作用的网络系统。这种网络系统的主要目的是经济的创造、引进、改进，扩散知识与技术，使得一国的技术创新能力提升，技术创新效果更好。

伦德瓦尔等人后来进一步对国家创新体系进行研究，提出国家创新体系的动力机制在于交互学习，强调消费者与生产者的关系以及"学习"在国家创新体系中的重要作用；认为国家创新体系是一个社会体系，"学习"根植于这一体系的制度中，对国家创新体系的建立非常重要，而且大学、企业、科研机构、政府等都是通过学习而不断发展的。

20 世纪 90 年代初，纳尔逊（Nelson）在其著作《国家创新系统》中，对美国、英国、日本等国家的创新体系进行了案例分析。认为国家创新体系是一个复杂的，多样的社会系统，没有一个统一的模式；明确指出，创新是大学、企业等有关机构的复合作用，制度的主要作用在于在技术的私有与公有方面建立一种平衡。

20 世纪 90 年代中后期，国家创新体系理论传入我国，相关学者对其进行了深入探讨，出版了一系列著作或论著，如柳卸林（1998）的《国家创新体系的引入及对中国的意义》、冯之竣（1999）主编的《国家创新系统的理论与实践》、李正风和曾国屏（1999）著的《中国创新系统研究——技术、制度与知识》以及胡志坚（2000）主编的《国家创新系统：理论分析与国际比较》等。

---

① Lundvall B (eds.). National Systems of Innovation-Towards a Theory of Innovation and Interactive Learning [M]. Biddles Ltd London，1995：1 - 62.

对上述理论发展进行梳理可以看出，国家创新体系主要从宏观视角研究多个创新主体之间的相互作用与联系，阐述为了达到国家经济社会发展的整体利益，而对知识、技术、制度、服务、环境等各方面的创新要素进行系统集成，并促进创新效果最优的规律。政府在国家创新体系中具有不可替代的作用，是制度的供给者，也是公共服务的提供者与创新环境的营造者。

**（二）理论内容**

根据弗里曼的研究，国家创新体系将创新看作是一种国家行为，强调国家在其中的重要作用。国家创新理论经历发展演变，现已形成以下结论：

1. 一国是否存在创新体系决定了该国的技术创新能力，国家在创新体系中担当着领导者的角色，是创新活动的决定因素。国家主要使用有关科技进步与经济社会发展的制度对创新活动进行调节，因而国家创新体系实际上是促进技术创新的制度体系。

2. 国家创新体系至少包括五个子系统，即知识创新系统（核心机构是高等院校与科研院所，功能是生产、扩散、转移知识），技术创新系统（核心机构是企业，功能是组织人员、资金攻关开发新技术），知识传播系统（核心机构是高等院校、科研院所与企业，功能是培养各种具有高技术、高技能、新知识的创新创业人才），知识应用系统（核心机构是政府、企业、科研部门与其他机构，功能是应用新技术、新知识，促进知识转化为现实生产力），制度创新系统（核心机构是政府，功能是提供与革新系统运行的制度）。这五个子系统关系密切：知识创新系统是技术创新系统的基础和源泉；知识传播系统为知识创新系统与技术创新系统提供人才支撑；知识应用系统是知识创新系统与技术创新体系的应用转化；制度创新系统调控整个国家创新体系运行良好。五个子系统各有侧重、相互交叉、互相支持，构成一个运行有序、统一开放的国家创新体系有机体。

3. 资金、政策法规、市场和社会是调节国家创新体系的四个杠杆。因此，国家创新体系具有政策的可行性或可操作性，即可以通过运用不同工具促进体系形成与发展，促进一国创新发展。

4. 国内合作创新活动比国家间合作更加重要。国家创新系统更加强调一国范围内不同行为者（包括企业、高等院校、科学机构与消费者）之间的交流与学习，正是主体之间的相互交流与学习才构成创新体系。

5. 不同国家的创新体系并不相同。由于不同国家的发展基础、社会制度、政府计划、产业政策、市场机制不同，国家创新体系的模式也不相同。

从国家创新体系的主要内容可以看出，国家创新体系理论为乡村创新体系理论框架的形成奠定了理论基础。乡村创新体系理论的许多内容与国家创新体系理论相同或类似。

## 二、三重螺旋理论

### (一) 理论产生与发展

三重螺旋理论最早源于美国生物遗传学家里查德·列万廷对基因、组织与环境的研究。他认为不存在一个既定的"生态空间"去等待生物体来适应，环境不能离开生物体，生物体不仅适应环境，而且选择、创造与改变其生存环境。基因、生物体、环境就像三条螺旋一样缠绕在一起，都同时互为因果关系。

荷兰学者勒特·雷德斯道夫（Loet Leydesdorff）（1997）将三重螺旋理论应用于创新发展，认为三重螺旋包括：大学与其他的知识生产机构，高科技公司或跨国公司等产业部门，地方或国家层面的政府部门；正是这三个部门的互动使得知识创造、财富生产、政策协调得以实现，也使得以知识为基础的创新型社会得以孕育。

### (二) 理论内容

三重螺旋理论认为企业、政府、大学是创新体系的核心单元：企业作为应用知识技术进行生产的场所；政府作为契约关系的来源，并确保稳定的相互作用与交换；大学作为新知识、新技术的来源，是知识经济的生产力要素；三方通过相互作用实现动态平衡。该理论强调三方互相联系不仅是知识生产与扩散的重要因素，同时也是知识转化为生产力的重要因素，正是三方互相联系、螺旋上升才使得创新形成。三方联系既包括各参与主体内部的交流互动，也包括两两之间的互动，还包括上方的互相嵌入直至形成混合组织。

三重螺旋模型的构建是一个渐进的过程。一般说来，大学、政府、企业之间的关系大体有以下三个模式：极权钳制模式、自由放任模式和三重螺旋模式。在极权钳制模式下，政府制定计划，对企业与大学或研究机构的创新活动进行监管；企业与高校科研机构是政府的附属机构，企业面对市场进行创新的积极性可能较低，与高校或研究机构合作的意愿可能不高，大学或研究机构也存在合作意愿不足的问题。在自由放任模式下，政府、大学、企业三方地位平等，市场机制决定着三方关系的发展，创新活动基本上都是各主体独立进行，创新主体之间的联系较少，创新体系不能做到站在区域整体发展的高度去协调重整创新资源。三重螺旋模式是对上述两种模式的扬弃，不仅充分发挥政府的行政协调功能，而且高度重视市场机制的作用。该模式下，政府、大学、企业都表现出另外两个主体的一些能力，但同时仍保留着自己的原有作用和独特身份，三方可以独自开展创新活动，也可以共同开展创新活动。

三重螺旋理论的核心价值在于将三个不同价值体系的机构围绕一个目的（促进乡村经济社会发展）而整合起来，形成知识领域、行政领域、生产领域的三力合一，实现创新体系构建的主要目的。该理论强调产业、学术界和政府的合作关系，强调三方机构的共同利益是给他们所在的社会创造价值。该理论不仅打破了学科、行业、地域、观念等边界，使得公共与私立、科学和技术、大学和产业之间的边界变得可流动，进而建立一种新的管理、教育与社会运作机制；而且超越了以往的大学与政府、大学与产业、政府与产业之间两两互动的关系模式，从区域或者国家整体层面考虑乡村经济社会发展。该理论阐述了乡村创新体系中政府、大学、企业三个主体的应有关系，为乡村创新体系理论的发展提供了重要支撑。

## 三、创新网络理论

### （一）理论产生与发展

美国芝加哥大学著名社会网络学家博特（Ronald S. Burt）于 1973 年最早将技术创新与网络连接起来，但没有提出创新网络概念。直到 1991年，英国经济学家克里斯托弗·弗里曼（Christopher Freeman）正式提出"创新网络"（innovation-networks）概念，认为创新网络是应对系统性创新的一种基本制度安排，企业间的创新合作关系是网络构架的基本联接机制。此后，一些学者对创新网络进行了研究，如派奥尔和萨博（Piore & Sabel）认为区域创新网络有助于实现资源有效配置以及企业创新能力的提升；科罗拉·雷诺（Corona Leonel）认为区域创新网络是地理上的一个区域内的高新技术企业孵化器、研发中心、大学、科技工业园等与生产企业、服务机构相互联系而形成的有助于创新的组织。萨克森宁（Saxenian）、库克（Cooke）等人对区域创新网络的存在进行实证检验，指出了社会网络关系、人际网络关系、社会文化、创新环境等因素对创新网络的影响作用。

20 世纪 90 年代中后期，区域创新网络概念传入我国，王缉慈、李远、盖文启等人对区域创新网络进行了深入探讨。王缉慈（1999）认为区域创新网络是指某一区域内的行为主体（大学、研究机构、企业、地方政府、中介机构等组织及其个人）之间在长期正式或非正式的合作与交流中所形成的相对稳定的系统。李远（1999）认为，区域创新网络是创新主体通过内部非正式或不显现的联系以及与外部进行正式和选择性的联结的基础上形成的有弹性的体系结构。盖文启（2002）认为，区域创新网络是指一定区域域范围内，各行为主体（大学、研究机构、企业、地方政府、中介机构等组织及其个人）在交互作用与协同创新过程中，彼此建立起各种相对稳定的、能够促进创新的、正式或非正式关系的总和。刘健（2006）认为区域创新网络是各行为主体在区域基础上以互动学习为动力，以创新为目标指向而结成的密切的、相互交织的网络联系。

**（二）理论内容**

区域创新网络理论的主要内容包括：①网络的节点是大学与研究机构、企业、政府、中介机构、金融机构等行为主体，各节点在网络中的功能作用与区域创新体系相同。②网络行为主体之间的联系构成关系链，它们既是创新资源传递、扩散的有效通道，也是创新资源价值增值的有效途径。网络节点之间的联系分为显性联系与隐性联系，显性联系主要是物质、服务、资金、劳动力等在行为主体之间的流动，隐性联系主要是人与人之间非正式的信息、知识等资源的流动。③网络行为主体之间身份地位平等，以集体互动学习为主要方式、以增强主体创新能力和区域创新能力为主要目标而结成的密切的关系网络。④网络主体相互交流学习进而创新离不开一定的创新环境，创新环境主要由制度、文化、物质环境构成，环境对创新网络的运行起着推动或者抑制作用。其中，制度环境主要是各级政府制定的激励或约束创新行为或创新活动的政策、法规、规划等；文化环境主要是创新型氛围、劳动力素质等；物质环境主要是基础设施建设、公共服务设施建设、以及科技、信息、研发等公共平台的建设。⑤区域创新网络具有根植性、系统性、创新性、动态性、扩散性和开放性特征。其中，根植性和系统性是其内在性特征，创新性是其目的性特征，动态性、扩散性和开放性是其成长性特征。⑥网络是介于市场与组织之间的一种结构，是一种"有组织的市场"，或者说是一种松散的组织。相对于市场，其具有组织的行政约束功能；相对于组织，其又具有市场的松散平等特征，因而是一种"中间性体制组织"，兼具了市场与组织的优点。区域创新网络既摈弃了组织机构的严密等级控制，又能够有效规避市场对于个体的巨大风险；既解决了外部"市场失效"，又克服了内部"系统失效"，是现代经济中自由放任与政府调控的有机结合，具有对区域创新与经济增长的明显推动效应。

创新网络理论从网络的视角解释区域创新体系，是对乡村创新体系理论的丰富与发展，对乡村创新体系的研究与实践都有重大意义。

# 第二章　政府行为理论基础

政府作为乡村创新体系建设的主体之一发挥着重要作用，政府作用通过其行为表现出来。政府行为有其理论依据。

## 第一节　政府及政府行为的内涵

有关政府及政府行为的研究一直是理论界探讨的热点，把握政府及政府行为的概念有助于明确政府与市场的行为界限。

### 一、政府的概念

#### （一）政府的定义

政府的概念由来已久，并且定义纷繁复杂。美国《康普顿百科全书》的定义是："对于'统治'（govern）和'政府'（government）这两个词，辞典的解释多种多样，但是大多数人都认为govern是一种活动——制定规范、规则和提供服务的活动，以使人们能够安全地、便利地生活在一起；而Government是一种机构，是一种制定规划规则与提供服务活动的机构"。这一定义表明政府这一公共机构的主要功能在于制定规范规则与提供服务以方便人们生产生活。英国《不列颠百科全书》的定义为："由政治单元在其管辖的范围内制定规则和进行资源分配的机构，主要包括国家立法权力机关、行政执法机关和审判司法机关等。"该定义指出了政府的功能制定规则与资源分配，同时指出政府机构包括立法、司法、执行与行政等部门。中国《简明社会科学辞典》的定义是："政府即国家行政机关，是国家机构的重要组成部分，是阶级专政的重要工具之一。"这一定义是从行政管理的角度进行概括的，指出政府是国家机构，主要功能是阶级专政。

从上述概念可以看出，政府的概念有广义和狭义之分。广义的政府概念认为政府等同于国家（机关），包括立法机关、行政机关、司法机关等，即"大政府"的概念；狭义概念上的政府，则认为政府专指国家行政机关，包括中央政府与地方政府，即"小政府"的概念。研究政府和政府行为，一般使用的是狭义的政府概念，即专指行政机关。本书采用狭义的政府概念。

### （二）政府的特征

由上述关于政府概念的表述，可以看出政府的特性一般体现在以下方面：①阶级性。是政府的本质特性，是指按照统治阶级的利益或要求对经济社会活动进行政治统治或政治治理。乡村创新体系建设中政府的阶级性体现在政府通过一定手段促进乡村创新能力提升进而促进区域或国家综合实力上升，以更好地维护其统治地位。②公共性。是政府的表征性特征，是政府代表大多数人们利益的一种体现。乡村创新体系建设中政府的公共性体现在政府所谋求的区域创新能力提升是为了区域大多数人的利益，政府行为代表着大多数人的利益。③权威性。是政府存在合法性以及代表国家强制性的有机结合和集中体现，是公共性与阶级性的保障。乡村创新体系建设中政府权威性体现在政府的政策或命令必须得到创新主体的响应，否则无法进行创新体系建设活动。即使是一些市场主导的创新体系，政府不干预的原则或政策也必须得到有效贯彻实施。

## 二、政府行为的概念

政府行为与政府职能息息相关，政府职能是由政府的特征决定的，而政府行为是由政府职能决定的。政府行为是政府职能的外在体现。

### （一）政府职能

政府职能是指政府在一定时期内根据国家或区域经济社会发展的需要而应该承担的职责和功能。它是适应国家或区域的根本目的而形成的政府活动的基本方向和基本内容。政府职能在不同的历史时期和不同形态的国家或区域中并不完全相同，但政府作为国家或区域意志的执行者和社会公共权力的掌握者，其基本职能是维持统治阶级的统治和处理社会公共事务，即政府职能主要包括两个方面：政治职能和社会管理职能。

当前我国地方政府职能主要有三个方面：建设职能、保障社会的职能与促进社会发展的职能。由于处于发展阶段，政府一个重要的职能是经济职能，即促进区域经济健康快速发展。乡村创新体系建设中政府的一个重要职能是经济职能，即政府利用其权威性，协调相关创新主体，促进创新资源向乡村集聚，并促进资源高效配置，提高创新产出，进而提升乡村经济社会发展水平。

当前我国政府职能的内容定位逐渐明确，职能实现模式正在从管制型向服务型转变，职能目标正在从追求效率、追求社会效益向追求综合效益转变。政府职能的转变对政府行为的影响巨大。

### (二) 政府行为

行为是指特定主体为了满足自身需要而确定目标以及为实现这个目标而实施的活动。政府行为从一般意义上理解是指国家或区域行政机关及其工作人员依据其职能而实施的行政管理活动，是政府行政权力和行政职能运行与行使过程的外部表现。根据《看得见的手——中国政府行为研究》一书中的定义，政府行为即政府机关（或国家行政机关）对社会公共事务实行管理的行为，它是依照一定的法律而实施，并具有相应的法律后果的行政行为[①]。

政府行为从过程上分有决策行为、计划行为、组织行为、监督行为等；从权力运用角度可分为行政命令、行政处分、行政裁量等行为；从行为性质上可分为经济行为、政治行为、社会行为、文化行为等[②]。

政府行为具有主体和客体的两重性，一方面，它是国家行政机关的人格化过程，即主体生成的过程；另一方面，它是社会公共事物对象化的过程，即客体生成的过程。上述主体与客体的相互作用就表现为政府行为的具体操作。政府行为除了其主体、职能和法律三要素之外，还具有以下三个主要特点：

依法强制性。政府行为是由国家或政府的强制力保障实施的。在全部社会规范中，法律作为一种最强有力的规范，是以国家强制力为后盾的。不管人们的主观愿望如何，都必须服从政府的指挥，否则，将招致国家或区域的干涉，受到相应的法律制裁。

行为公正性。政府的公共性决定着政府行为必须公正，否则将无法取得大多数人的信任与支持，进而也将无法代表大多数人的利益。政府行为的公正性更加体现在操作层面，即在行为发生过程中坚持公正，保障公平。

社会服务性。政府行为具有为社会服务的职能。政府的公共性决定着其必须为大多数人的利益而作为，这种作为实际上也是服务于大多数人，即政府行为具有社会服务性。

---

① 赵玲. 看得见的手——中国政府行为研究 [M]. 北京：中国人事出版社，1996.

② 黄安心. 政府经济管理行为——市场体制下政府行为理论的基本范畴之一 [J]. 鄂州大学学报，2001 (1).

# 第二节　地方政府及其行为

政府有中央政府与地方政府之分，地方政府行为对乡村创新体系的意义更大。在以县域为单位的乡村创新体系建设中，县级以上政府往往是乡村创新体系建设的一种环境因素。

## 一、地方政府的内涵

### （一）地方政府的定义

黄顺康（2005）[①]认为地方政府是国家设置在中央政府之下，行使部分国家权力，管理国家和地方事务的地域性政府。这一概念表明在中国除中央人民政府以外的所有各级政府都属于地方政府，即地方政府指省级（包含省级）以下各级政府机关。从内涵上讲，地方政府首先是区域性政府，处于中央政府隶属之下；其次，地方政府的主要职能是按照国家法律或者中央政府的授权，在自己管辖的行政区域内行使部分国家权力，管理国家和地方事务。我国宪法规定，"省、直辖市、县、市、市辖区、乡、民族乡、镇设立人民代表大会和人民政府。"本书认同黄顺康对地方政府的界定。

地方政府也有着广义与狭义两种含义：广义的地方政府泛指整个地方的国家机器，包括地方国家立法机关、地方国家行政机关和地方国家司法机关，即学术界所说的地方政权；狭义的地方政府，仅指地方国家行政机关，不包括地方国家立法机关和地方国家司法机关。学术界大都是从广义上使用这一概念，即大政府概念。本书采用广义上的地方政府概念，即包括地方的立法、司法和行政机关。这是因为，建设乡村创新体系需要进行创新相关各方面的制度变迁，要对法律制度、公共政策进行重大的调整，必须具备一定的立法权、政策制定权、执法权才可以完成。本书中的地方政府特指省级及其以下各级政府。

### （二）地方政府的性质

权力的非主权性。中央政府代表国家，具有主权性质；而地方政府的权力是中央政府依法授予的，中央政府往往依据需要对相关权力下授给地方政府，同时也常常将权力回收甚至取消。地方政府在很多权力方面是短

---

[①]　黄顺康. 论地方政府研究的若干基本问题 [J]. 理论月刊，2005（5）.

缺的，如国防建设、主权外交等。地方政府权力的非主权性是其最根本的特性。

治理的局部性。一方面只能在其管辖区域内享有治理权，另一方面只能在其管辖事务范围内享有治理权。一般说来，高层级政府管辖地域或管辖事物权限比低层级政府要大得多。不仅如此，同层级的地方政府之间，其管辖面积大小和人口的多少不同也导致其管辖范围相差很大。同时，根据权责对等原则，在治理职责上，地方政府承担的职责与其拥有的权限是相称的，一些职责不会交给地方政府或者不属于地方政府，地方政府也就没有相应的管理权限。如国防、外交这类事务就绝不可能属于地方政府。

职责的地方性。中央政府设置地方政府的目的，不是维护统治的政治性目的，而是促进经济社会发展以及维护社会稳定的经济或社会性目的，亦即职责的地方性。但不同层级地方政府的职责地方性并不一样，一般说来，高层级地方政府的政治性比较强，低层级地方政府的经济社会性比较强；基层地方政府甚至很少关注政治性。

地方政府的特征决定了地方政府职能主要是社会管理与经济发展。乡村创新体系建设中地方政府的职能主要是依据中央政府的指导在所属区域内履行经济职能，促进乡村科技经济发展与综合竞争力提升。

## 二、地方政府行为的特点与内容

### （一）行为特征

地方政府行为是指履行行政管理职能的公共部门依法行使公共权力，对社会公共事务进行管理和提供服务的活动。地方政府的特征决定了地方政府行为具有以下性质：

公共性。公共性是指地方政府的活动不是专注于特殊的个人、集体、组织的利益及其调整，而是从社会整体的角度来作出评判的。地方政府行为指向的是社会全体居民，而不是某些团体或个人；地方政府行为所调整的是社会利益关系，并以此作为自己的行动准则。乡村创新体系建设中地方政府行为准则也必然是围绕乡村区域整体经济社会发展。

广泛性。广泛性指政府活动往往涉及的是范围广、影响程度大的问题，囊括了经济、政治、文化与社会生活的诸多领域。在乡村创新体系建设中，政府行为不仅涉及经济层面的促进经济增长，而且涉及文化方面的创新氛围营造，以及社会方面的创新人才的安居乐业等。全球化背景下，技术或人才有可能来自国外，地方政府将不得不面对国际问题，将增加政府行为的广泛性。

强制性。地方政府行为是根据国家的意志做出的选择，以国家强制力为后盾，有监狱、法庭、军队、执法者等各种暴力保障其意志得到实现。乡村创新体系建设中，为保障创新者的利益，对违反法律法规行为，地方政府可以采取强制性行为，促使市场主体回归到合法合规途径上。

规范性。地方政府一个重要职能是执法。执法必须在法律规定的职权范围内进行，即执法必须合乎规范。乡村创新体系建设中，地方政府调节创新主体的行为，必须有法可依、有法必依，通过执法的规范性来取得社会公众的信任与支持。只有这样才能保障其行为的强制性与公正性。

利益性。地方政府作为一个区域公共权力的代理机构，必须维护区域的整体利益，政府行为也必须围绕区域整体利益而展开。乡村创新体系建设中，地方政府通过产权政策、税收政策、财政政策、信贷政策等影响创新主体的利益，促进创新行为发生，促进区域创新体系建设目标的实现，进而实现区域整体利益。

## （二）行为内容

根据《立法法》和《中华人民共和国地方各级人民代表大会和地方各级人民政府组织法》，县级以上的地方各级政府的内部事务主要有执行本级人民代表大会和上级政府的决议和命令、指导所属各部门和下级政府的工作。地方政府在经济社会方面的职权有：①制定地方性规章；②执行国民经济和社会发展计划、预算，管理本行政区域内的经济、社会、民族等行政工作；③保护国有财产保值增值，保护公民私有合法财产，维护社会稳定，④保护经济社会各类组织的合法权益；⑤依法保障公民合法权利。

乡村创新体系建设中，地方政府的有关行为大概有以下几类。

建立法规体系。地方政府可以依照《立法法》赋予的立法权，制定和修改创新相关的地方性规章。乡村创新体系建设中，地方政府可以通过规章和政策，对企业、高等院校、科研院所等主体的创新行为给予优惠政策的扶持或者对违法违约行为进行一定的惩罚；对区域科技园区建设、研发基础设施建设、研发平台建设、研发人才培养等给予必要的支持。

执法与监督。执行国民经济和社会发展计划，编制科技创新发展规划，编制科技创新事业发展的财政预算，管理本行政区域内的与科技创新相关的产业、教育、科学、财政、司法等行政工作。评估、监督科技与产业计划发展状况以及预算执行情况。协调不同部门对出现的偏差进行纠正。

创新利益保护。地方政府拥有充分的权威，以强大的合法性暴力为工具，可以为各种创新企业或创新者提供强有力的保护，维护其合法权益，特别是在知识产权保护方面。

对违法违规行为的限制。对不合乎规定的市场行为进行限制，保障企业或职工的合法权益。地方政府充当创新主体合法利益的保护伞，严厉打击违法违规行为。同时对政府相关部门的不作为进行限制，促进各主体积极作为。

# 第三节　地方政府行为理论

地方政府行为理论主要探讨的是政府与市场的职能边界问题以及怎样更好地履职问题，即地方政府在社会管理与经济发展过程中究竟发挥什么作用以及怎样发挥作用的问题。这一问题一直是理论界探讨的热点问题。学术界普遍认为政府在经济社会发展中的作用依次发生以下演变：重商主义者的扶持介入、斯密时代的守夜人、凯恩斯主义的主动干预、新自由主义者的适度干预、新凯恩斯主义者的市场与政府协调发展。但对于地方政府如何更好地履职而言，代表性理论主要有：公共管理理论、公共服务理论、整体性治理理论等。本书只介绍公共产品、公共管理、公共服务、整体治理等理论。

## 一、公共产品理论

按照西方经济学理论，从效用的不可分割性、消费的非竞争性以及受益的非排他性，社会产品被分为公共产品（public goods）与私有产品（private goods）。20 世纪 50 年代，萨缪尔森对公共产品这样定义：纯粹的公共产品或劳务是指这样的产品或劳务，即每个人消费这种物品或劳务不会导致别人对该种产品或劳务消费减少。公共产品具有三个特征：效用具有不可分割性，即不能被分为若干单位而实现谁付费谁受益；受益的非排他性，即不会因为其他人的消费而降低减少自己的消费；消费的非竞争性，即新增消费者不会增加消费成本。国防、外交等被认为是典型的公共产品。公共产品的三个特征也是判断某项服务或某个产品是否为公共产品的主要标准。

萨缪尔森之后，不少人怀疑现实中是否存在"每个人对该产品的消费，都不会导致其他人对该产品消费的减少"这样的公共产品，认为萨缪尔森提出的公共产品是"纯公共产品"，在公共产品与私有产品之间还存在着另外一种情况，即"准公共产品"。如 1956 年蒂鲍特（C. M. tiebout）提出了"地方公共产品"的概念，认为地方公共产品是指那些"只有居住在特定地区的人才能享用的公共产品"。认为个人可以通过迁居，来选择他所消费的公共产品。布坎南在 1965 年提出"俱乐部经济理论"，对非纯公共产品（准公共产品）进行了深入讨论，认为公共产品是由集体或社会团体决定的，为了某种原因而通过集体组织提供的物品或服务。

公共产品理论的重要发展方向之一就是公共选择理论。公共选择理论已经成为现代微观经济学的重要突破。公共选择理论主要用经济学的方法来研究政府对公共产品的决策和选择，认为公共产品的生产与提供应该是政府部门的基本职责之一。公共产品提供的方式可以通过公民投票、直接民主、代议制、集权式决策等进行。

乡村创新体系建设中，创新成果，尤其是创新链前端的基础研究具有一定的公共产品特征，政府部门应该提供这部分产品的生产或服务，或者至少应该制定相应的规则，保障创新成果有利于区域整体竞争力提升。

## 二、新公共管理理论

新公共管理理论最早由胡德（Christopher Hood）在 1991 年提出。它是对 20 世纪 70 年代末 80 年代初，世界范围内发生的"重塑政府""再造公共部门"的行政改革的总结。西方国家将这场行政改革运动看作是一场"新公共管理运动"。

新公共管理理论倡导以现代经济学和工商企业的管理理论与方法来管理公共行政部门，认为政府管理的目标也是效率改进，而市场经济中企业管理的效率比较高，因而可用企业管理理念来管理公共部门。新公共管理理论主张在公共管理中引入竞争机制来提高公共服务的质量和水平，强调以市场或顾客为导向来改善公共管理的行政绩效。

与传统的以威尔逊、古德诺的政治与行政的二分法和以韦伯的科层制理论为基础的官僚制的行政管理理论不同，新公共管理理论的核心涵义在于突出政府的公共性与效率性。其公共性在于强调管理主体的多元化、管理导向的社会化、公共服务的市场化等新的管理观念；其效率性在于强调运用企业管理的效率理论提升政府管理绩效。这一理论具有以下特点：一是注重战略性与结构导向性的决策方法，更加强调效率、结果与服务质量对政府决策制定与执行的影响；二是注重分权管理，主张放弃高度集中的等级结构，强调社会化管理，强调决策者与信息源的接近，使得决策更加符合实际、更加及时有效；三是注重采用灵活的方法，如外包服务，来代替直接供应公共产品的做法，促进行政成本更为节约，促进管理效率提升；四是注重权力与责任的对应，通过建立明确的绩效合同，明确管理各方的权利与责任，并以此作为提高绩效的关键环节；五是引入内部竞争机制，在公共部门之间和内部创造一个竞争性的环境，以竞争促进效率提升；六是提高政府的战略决策能力，使其能够迅速、灵活和低成本地驾驭政府对外部变化和多元利益做出反应；七是通过要求提供有关结果和全面成本的报告来提高责任度和透明度；八是建立宽泛的服务预算和管理制度，支持和鼓励政府管理变革行为的发生。

20 世纪 90 年代以来，新公共管理理论逐渐成为一种国际化的政府改革潮流而倍受推崇。一些西方学者认为，它是面对市场失灵和政府失灵的新选择，是在政府干预市场失灵的政策又导致了政府失灵时找到的新出路。国内一些学者也认为它反映了全球化、信息化和知识经济时代对政府管理所提出的新要求，对我国行政理论和改革实践产生了不可忽视的影响。我国一些地方政府依据该理论进行了变革，如深圳市政府提出了政府职能从无限到有限、从部门性转向公共性、从政府单一治理转向社会共同治理等项改革目标，是该理论的具体应用。

乡村创新体系建设必然面临一些地方政府行为变革，可依据该理论展开进行。新公共管理理论对乡村创新体系建设中地方政府行为的意义在于：推进创新体系建设应该坚持效率原则，通过不断深化体制机制改革，改进政府部门绩效，促进创新体系建设目标尽快实现。

## 三、新公共服务理论

20 世纪 90 年代末，以美国学者罗伯特·登哈特①为代表的公共管理学者对新公共管理理论进行了矫正式的批判，进而提出"新公共服务理论"。该理论认为，政府作为公共管理机构，在管理公共组织和执行公共政策时应该集中于承担为公民服务和向公民放权的职责，即应该主要承担"公共性"职责，突出政府行为的服务性，而非主要追逐目标的"管控性"与行为的"效率性"。

公共服务理论提出了新公共服务的七大原则：一是服务而非掌舵，公共管理机构的重要作用并不是体现在对社会的控制或驾驭，而是在于帮助公民表达和实现他们的共同利益。二是公共利益是目标而非副产品，公共利益是管理者和公民共同的利益和责任，是追求的目标而不是副产品。制定社会发展远景目标并不是政府领袖或行政官员的本质职责，政府应该把人们集中到无拘无束、开诚布公的对话氛围中，共同来协商社会发展远景目标。三是政府应该前瞻地思考，民主地行动。政府不仅要制定社会发展

---

① 珍妮·V. 登哈特（Janet V. Denhardt）；罗伯特.B. 登哈特（Robert B. Denhardt）. 新公共服务：服务，而不是掌舵［M］. 北京：中国人民大学出版社.

远景目标，而且要制定符合地方实际的实施计划，并且鼓励公民积极参与，集中精力去执行。四是政府是服务于公民而不是顾客，不同于工商企业与顾客之间的交易关系，政府与公民的关系是服务关系。五是政府不仅仅关注市场或经济，社会价值、政治行为准则、职业标准、公民利益都是政府关注的对象。六是重视人而不只是生产率，强调"通过人来进行管理"，即通过善待公务员促使公务员善待公民，从而提升服务质量。七是提出政府不是私人机构或项目所有人，而应该超越企业家身份，重视公民权利和公共事务，应该为公民服务。

新公共服务理论把效率和生产力置于公共利益、民主、社区等更广泛的框架体系中，提出和建立了一种更加关注公共利益与民主价值，更加适合现代公共社会和公共管理实践需要的分析框架。

"新公共服务"理论对乡村创新体系中的政府行为有重要启示，政府应该充分发挥为民服务原则，通过不断提升公共服务、改善创新环境来最大程度调动创新主体的创新积极性，提升区域创新能力。

## 四、整体性治理理论

整体性治理理论是在对新公共管理理论的反思中逐渐形成的。该理论最早由英国学者希克斯（Perri 6）在《整体政府》（1997 年出版）[①] 一书中提出，后来在《迈向整体性治理：新改革议程》（2002 年出版）[②] 一书中系统提出概念框架。希克斯（1997）认为公共管理理论的盛行使得政府服务裂解化以及政府管理的碎片化，政府部门之间应该通力合作，构建整体型政府。在整体型政府的基础上，希克斯（2002）提出并完善了整体性治理理论，认为整体性治理就是通过政府机构之间的充分沟通与合作，达到有效的协调与整合，使得彼此的政策目标连续一致，彼此的政策手段相互增强，从而达到合作无间的整体治理行动。

整体性治理理论主张通过政府部门之间的合作、整合来为公民提供一个完整的服务，因而该理论在理念上以协调、整合、责任为核心，非常注重治理问题的预防导向、结果导向、公民服务导向。同时，在组织架构上，该理论注重治理层级、治理功能与公私部门之间的整合（"三整合"），注重治理活动的政策、规章、服务、监督四方面的协调（"四协调"），注

---

① Perri 6. Holistic government [M]. London：Demos，1997.

② Perri 6. Diana Leat，Kimberly Seltzer、Gerry Stoker：Towards Holistic Governance：The New Reform Agenda，Houndmills，Basingstoke，Hampshire：PALGRAVE，2002.

重以功能性分工为基础的部会结构，注重预算管制、行政目标管理与整体政府的评鉴；注重以信息化为手段整合不同政府部门功能。英国学者帕特里克·登力维（Dunleavy，2006）①考察一些发达国家（英国、美国、澳大利亚、加拿大、新西兰以及荷兰）的公共管理系统发现，公共管理理论已经产生政策或管理碎片化问题，新公共管理的时代应该宣告结束，整体性政府理论应该积极践行。

整体性治理理念获得广泛响应，英国政府率先在养老服务领域进行改革，并取得巨大成功。许多发达国家，如澳大利亚、新西兰、加拿大等，尝试进行整体性政府（一些研究又称协同型政府）改革，变革效果已经显现。

整体性治理不仅是一种工具性的治理模式变革，而且是治理理念的重塑，大大丰富与深化治理理论内涵与实践意义。乡村创新体系建设中政府部门多头管理，政策碎片化现象广泛存在，需要应用整体性治理理念重塑政府部门职能与政府行为，促进乡村创新体系不断完善发展，不断提升乡村创新能力。

---

① Patrick Dunleavy. Digital Era Governance：IT. Corporations the State，and E-Government [R]. Oxford University Press，2006：233.

# 第三章 乡村创新体系建设意义及 政府介入的必要性

现阶段，我国乡村创新体系建设对于实现乡村振兴、转变经济发展方式、提升国家现代化水平等具有重大意义。地方政府参与乡村创新体系建设具有弥补市场失灵的重要作用。

## 第一节 乡村创新体系建设的重大意义

乡村创新体系的功能决定了其对乡村振兴战略目标的实现、经济发展方式的转变以及国家农业现代化的促进方面具有重要意义。

### 一、支撑乡村振兴的必然要求

党的十九大提出实施乡村振兴战略，指出要按照"产业兴旺、生态宜居、乡风文明、治理有效、生活富裕"的总要求推进实施乡村振兴战略。如何实现乡村振兴，习近平总书记提出五个振兴，即产业振兴、生态振兴、人才振兴、组织振兴和文化振兴；并且指出"农业的出路在现代化，农业现代化的关键在于科技进步和创新，要给农业插上科技的翅膀"。无论是"20字"总要求，还是"五个振兴"，在实现乡村振兴过程中都少不了科技的支撑引领作用，少不了科技创新的动力源支持。

#### （一）产业兴旺需要农业科技引领发展

中华人民共和国成立以来，农业科技在推进农业发展方面取得了令人瞩目的成就。截至 2017 年底，我国主要农作物基本实现良种全覆盖，自主选育的品种面积已经达到 95％以上，畜禽水产品中的良种化、国产化逐年提升；农业耕种收环节以及综合机械化水平达到 67％，农业科技进步贡献率达到 57.5％[①]。

---

① 农业农村部科技教育司. 中国农业农村科技发展报告 2012—2017 年［M］. 中国农业出版社.

尽管科技对农业发展的支撑取得一定成就，但是农业发展对科技的需求依然较大，农村二、三产业发展和三产融合发展也亟须科技创新的支撑与引领。我国农业科技发展水平与国际先进水平相比还有一定的差距，截至2012年，50％以上的蛋肉鸡、生猪、奶牛良种以及90％以上高端蔬菜花卉品种自给不足①，2/3以上的农产品加工先进成套设备还有赖于从国外进口，大多数国产农业机械的先进程度仅仅相当于一些发达国家的20世纪70年代水平②。科技对农业产业兴旺的支撑还没有跟上国际发展水平，科技对农业发展和二、三产业发展的支撑作用还有待进一步加强。

### (二) 农村生态宜居亟须科技的支撑

一是绿色农业发展的投入品短缺。虽然国家出台政策，正在逐步消减农业生产的化学用品投入，但是截至目前，有机肥还不能完全替代化肥，生物饲料还不能完全替代化学饲料，农业投入品绿色化发展还需要科技创新的强力支撑。二是一些农村地区生态系统退化、环境污染严重的态势不容乐观。一些农村区域点源污染与面源污染并存，生活污染与工业污染叠加，农村生态环境恶化尚未得到有效遏制③；畜禽养殖粪便和秸秆的处理、农膜污染、耕地质量下降、水资源短缺等资源利用与环境保护等问题持续存在，一些地区资源环境承载能力已达到或接近上限④。例如，我国农药2015年总用量132.8万吨，其中除草剂82.7万吨、杀虫剂30.3万吨、杀菌剂16.9万吨，但这些投量中80％～90％进入土壤、水体，造成土壤、水源污染，导致土壤质量和水资源的污染⑤。三是农业资源高效利用、防灾减灾、农产品加工增值等重点领域的技术成果明显不足，农业产业链不长、价值链附加值不高，产品生产成本较高，在国际市场上缺乏竞争力。上述这些问题只有通过增加科技创新强度才能得以有效解决。例如，不少农村地区目前还主要使用旱厕，大量粪污堆积暴露，造成严重污染，农村生活垃圾数量增加，全国每年大约产生4亿吨生活垃圾，随意焚烧垃圾产生的二噁英类有害气体，造成严重的空气污染⑥。

---

① 王艳玲. 我国农业科技存在的问题及对策分析 [J]. 科学时代，2012 (13)：33-34.

② 乔明先. 浅析农业机械化技术进步对农村经济的影响 [J]. 科学与财富，2017 (11)：136-138.

③ 任天志. 农业科技要为乡村振兴插上翅膀 [J]. 农村工作通讯，2018 (2)：41-43.

④ 中共中央办公厅、国务院办公厅《关于建立资源环境承载能力监测预警长效机制的若干意见》(厅字〔2017〕25号)

⑤ 赵根. 浅谈化肥农药污染控制与防治 [J]. 农业科技通讯，2018 (1)：188-190.

⑥ 徐义流. 乡村生态振兴的科技路径 [J]. 农业科技管理，2018 (12)：1-4，48.

### （三）农民生活富裕亟须农业科技支撑

农民生活富裕的重要保障是收入，当前城乡居民可支配收入差别仍然很大，2017 年仍为 2.71：1。农民科学文化素质与其收入高度相关，文化素质高者收入一般较高。但是我国农村居民的文化程度普遍较低，大多数人学历程度为初中毕业，科技素质不高。推进农民生活富裕不仅需要把最新科技成果积极推广应用到农村，而且要让农民更加容易便捷地使用科学技术。同时，依靠科技创新，能够挖掘和拓展出农业的多维功能，深入发展农产品精深加工业和农村新兴服务业，促进农业产业链条延伸，推动农业与第二、第三产业尤其是文化旅游产业的深度融合①。

乡村振兴离不开科技创新，而科技创新的核心与关键是要构建和完善乡村科技创新体系。乡村科技创新体系的核心是生产农业农村适用的科学技术知识，并促进这些技术知识在农民和农村中得以推广使用。因而，构建和完善乡村科技创新体系是支撑和引领乡村振兴的必然要求。

## 二、转变农业农村发展方式的重要途径

党的十八大明确提出了以转变经济发展方式为主要内容的国民经济发展方针。转变经济发展方式，是从传统的、旧的发展方式向现代的、新的发展方式转化，从粗放型发展向集约型发展转变，从注重局部、单方、速度增长向全面、协调、可持续发展转变。转变经济发展方式的实质是将原来追求增长速度的方式转变为追求发展质量的方式。转变发展方式要求创新发展，党的十八届五中全会提出坚持创新发展、绿色发展、协调发展、共享发展、开放发展五大理念，并把创新发展置于经济社会发展全局的核心地位。

农业农村发展方式转变是国家整体经济社会发展方式转变的薄弱环节。国务院办公厅颁发的《关于加快转变农业发展方式的意见》（国办发〔2015〕59 号）提出"把转变农业发展方式作为当前和今后一个时期加快推进农业现代化的根本途径，以发展多种形式农业适度规模经营为核心，以构建现代农业经营体系、生产体系和产业体系为重点，着力转变农业经营方式、生产方式、资源利用方式和管理方式，推动农业发展由数量增长为主转到数量质量效益并重上来，由主要依靠物质要素投入转到依靠科技

---

① 吕迎春，樊廷录，汤莹. 农业科技支撑乡村振兴的思考［J］. 农业科技管理，2019（2）：47-49.

创新和提高劳动者素质上来，由依赖资源消耗的粗放经营转到可持续发展上来，走产出高效、产品安全、资源节约、环境友好的现代农业发展道路"。转变农业生产方式主要依靠科技创新，而科技创新亟须建设乡村创新体系。乡村创新体系建设促进农业农村经济社会发展方式转变主要表现为以下几点：

## （一）通过支持农村二、三产业发展促进经济发展方式转变

新型工业化道路是以信息化带动工业化，以工业化促进信息化，工业化和信息化并举的道路，是要走科技含量高、经济效益好、资源消耗低、环境污染少的道路。乡村创新体系建设通过加强科技创新在乡村的应用，增加乡村经济发展的科技含量，提高科技贡献率，改变过去高能耗、高投入发展模式的老路，使经济发展迈上内涵式增长道路，实现经济发展方式的转变。

## （二）通过扩大内需促进经济发展方式转变

乡村创新体系建设，不仅仅是创新的体制机制建设，还包括大量的基础设施建设，如农业科技园区、实验平台、研发中心等。大量的基础设施建设，将增加投资、扩大内需。乡村创新体系建设的结果是产生大量创新型企业，促进经济增长中高科技产业的比重增加，是一种内涵式增长，因而大大促进了经济发展方式转变。例如，农业科技园区建设是乡村创新体系建设的重要一环，截至 2018 年底，我国所有省（市、区）及新疆建设兵团均建设有农业科技园区，各级各类农业科技园区总数已达 5 000 多家，经科技部批准的国家级农业科技园区（试点）达到 278 家（166 家通过验收）。截至 2017 年底，这些园区引进培育农业企业总数达 8 700 多家，引进培育和推广新品种 5.55 万个，引进推广农业新技术 2.2 万项，审定省级及以上植物和畜禽水产新品种 642 项，取得专利授权超过 4 000 项，带动当地农民就业达 700 多万人①。

就创新的机制而言，乡村创新体系的主要功能之一是通过针对乡村的新知识、新技术和新模式的创造、扩散和应用，来调动各种创新主体全面参与乡村发展，特别是与城市创新系统的协调联动，加速城市创新体系创新成果的扩散，加速乡村创新体系的价值创造。例如，福建省、中国农业大学等通过创新科技下乡交流机制，创建农技协"科技小院"，为农业农

---

① 谢玲红，吕开宇，夏英．中国农业科技园区研究进展与展望 [J]．科技管理研究，2019（4）：201 - 206．

村发展安上科技创新和科学普及的翅膀，帮助农村生产生活方式改变，生态环境改良，提高了科技驱动在乡村创新的占比，加速了农业现代化可持续发展[①]。

## （三）通过推动产业结构调整与升级促进经济发展方式转变

产业结构调整，就是要淘汰落后的、高消耗、高污染产业，大力扶持和发展节能环保、新一代信息技术、生物产业、新材料、新能源、新能源汽车和高端装备制造业等战略性新兴产业。当前在城市创新体系中，战略性新兴产业已经得到较为充分的发展，而这些产业在农业农村区域的应用还远远不够，亟须通过一定方式促进这些产业发展成果在农业农村区域的推广使用，以促进农村区域现有产业结构升级。乡村创新体系建设以促进农村产业结构升级为方向，以提升乡村创新能力为核心，以提高农业科技贡献率为目的，推动针对农业农村的技术创新和知识创新，并通过知识传播使技术创新与知识创新成果迅速转化并扩散，从而实现乡村产业兴旺、就业充分。

## 三、提升农业国际竞争力的重要手段

乡村创新体系能够提升农业科技创新能力，使我国农业能够在全球农业中竞争力获得提升；能够集聚更多高端创新资源流向农业领域，形成创新驱动发展的重要基础，有力保障农业在国民经济中的基础性地位。

21世纪以来中国农产品竞争力相对于美国逐渐下落。从2000年到2017年，中美主要农产品价差逐渐扩大，2000年中国小麦、玉米、大豆的生产价格分别高于美国0.35、0.28、0.7元/千克；2017年分别高于美国1.2、0.8、1.5元/千克（以当年价、当年汇率折算）。较大的价差以及开放的农产品市场使得中国从美国进口小麦由2000年的15.4万吨增加到2017年的155.5万吨，进口玉米由零增加到75.7万吨，进口大豆由497.4万吨增加到3 245.3万吨；2017年从美国进口小麦、玉米、大豆的数量分别占该类产品总进口量的35%、27%、34%*。

---

① 吴瑞建.科技小院：农技协服务乡村振兴的新平台和新抓手［J］.学会，2019（7）：45-48.

* 除非另有说明，本文价格数据来源于布瑞克农业数据库；中国成本数据源于《全国农产品成本收益资料汇编》2002—2018年；美国成本数据来源于美国农业部网站 https://www.ers.usda.gov/topics/animal-products/成本与价格均用各自农产品生产者价格指数折算成2000年的不变价格。

中美主要农产品价差扩大的主要原因是生产成本。2000—2017年，中国以不变价格计算的主要农产品每千克生产成本先降后升，总体平稳，而美国生产成本持续下降（图3-1）。2000年中国小麦每千克生产成本1.02元，低于美国0.37元（以当年官方汇率折算，下同），此后美国成本不断下降，至2012年几乎相等（各以2000年的不变价格计算，下同）。2000年中国大豆每千克生产成本1.35元，低于美国0.54元，2007年几乎相等，2011年开始高于美国，至2017年高出0.22元。2000年中国玉米每千克生产成本0.69元，低于美国0.2元，2003年几乎相等，2010年开始高于美国成本，至2017年高出0.24元。数据对比发现，中国主要农产品2008年之前相对于美国具有成本优势，而2012年后优势翻转，美国农产品更具有成本优势。

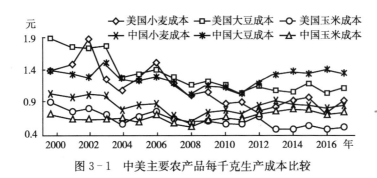

图3-1　中美主要农产品每千克生产成本比较

中国主要农产品生产成本由低于美国变得高于美国，并且差距逐渐拉开，表明相对于美国，中国农产品生产的国际竞争力在不断下降。提升农产品国际竞争力必须向技术创新要动力，向乡村创新体系要成果。

以生猪产品为例，2000年中国生猪每千克平均生产成本为5.47元*（为方便比较，中美统一为每千克生猪产出的生产成本，下同），美国为9.97元**，中国成本优势明显高于美国；然而，到2017年中国生猪成本为6.80元，美国为4.96元/千克，美国成本优势又明显高于中国。美国

---

　* 这里的"平均"指散养与规模以上饲养成本的算术平均。按照《全国农产品成本收益资料汇编》对生猪生产规模的界定，把单个猪场饲养0～30头（含30头）的定为散养，31～100头的为小规模，101～1 000头的为中规模，1 001头及以上的为大规模。

　** 美国生猪生产分为繁育、断奶、保育、育肥四个阶段，每阶段都有专业化农场经营；本文生产成本主要指育肥阶段成本。中国生猪生产包括繁育一体模式和繁育分开模式，但《全国农产品成本收益资料汇编》统计数据主要记录的是15～20千克的小猪养至出栏时的成本与收益数据；与美国育肥阶段的相关统计数据相对应。因而本书选择中美两国生猪生产育肥阶段的成本进行比较。

过去 50 年对生猪生产进行许多制度与技术创新，如推行合同制、推进技术创新等（McBride and Key，2013），促进其生产效率提高而成本降低；中国生猪生产自 2007 年以来一直在推进规模化标准化，但效果还有待改进（谭莹，2011①；周晶等，2015)②，还需要学习借鉴美国经验。中国农产品价格高、在国际市场上缺乏竞争力的根本原因，在于科技创新与经营体制创新不足，需要深化供给侧结构性改革（陈锡文，2017)③。

中美生猪生产技术差异较大，美国生猪生产技术进步很大，中国技术进步较小。如在育种方面，尽管美国只有 20％的猪场采用人工授精技术，但 80％的幼仔猪是由人工授精繁育而来（MrBride ＆ Key，2013)④；而中国中小规模猪场主要采用的还是自然受精。在母猪繁育方面，美国 2017 年能繁母猪每年每头下仔 26.4 个，而中国为 24.8 个（郭惠武，张海峰，2019)⑤；从出生到育肥阶段，美国猪场管理大多采用整进整出（All-in/all-out）模式，有助于猪场卫生防疫（MrBride ＆ Key，2013)⑥；而这一管理技巧在中国还没有被广泛采用。

美国生产技术进步使得单要素生产率较高。如在生猪出栏的平均饲养天数方面，2017 年中国为 152.8 天，远高于美国的 118.5 天；意味着中国生猪饲养每年可循环 2.4 次，而美国可循环 3.0 次。在平均日增重方面，2017 年中国生猪饲养平均日增重为 0.68 千克，而美国为 0.84 千克，原因在于美国允许使用一定数量的"瘦肉精"添加剂，而中国严格禁止瘦肉精的使用（Gale，2017）。在料重比、劳动生产率、其他投入品效率方面，美国效率较高。根据 MrBride ＆ Key（2003)⑦ 的研究，美国生猪生产技术进步使得饲料生产效率相比 1998 年提高了 36％，人工效率提高了 44％，资本效率提高了 16％。

---

① 谭莹. 我国猪肉供给的驱动因素及补贴政策分析 ［J］. 农业经济问题，2011（9）：52 - 57.

② 周晶，陈玉萍，丁士军."一揽子"补贴政策对中国生猪养殖规模化进程的影响——基于双重差分方法的估计 ［J］. 中国农村经济，2015（4）：29 - 43.

③ 陈锡文. 论农业供给侧结构性改革 ［J］. 中国农业大学学报（社会科学版），2017（4）：5 - 13.

④ Fred Gale. China's Pork Imports Rise Along with Production Costs. A Report from the Economic Research Service，Jan，2017. https：//www. ers. usda. gov/publications/

⑤ 郭惠武，张海峰. 中国生猪生产成本的国际竞争力分析 ［J］. 中国畜牧杂志，2019（7）：157 - 163.

⑥ McBride，W. D.，and N. Key. U. S. Hog Production From 1992 to 2009：Technology，Restructuring，and Productivity Growth ［J］. USDA Economic Research Service.，2013.

⑦ 9. McBride，W. D.，and N. Key. Economic and Structural Relationships in U. S. Hog Production. Resource Economics Division ［J］. USDA Economic Research Service，2003.

生产技术进步对全要素生产率贡献较大。据 MrBride & Key（2013）的测算，美国 1992—1998 年、1998—2004 年、2004—2005 年的技术进步指数分别为 19.6、14.5、5.2，占全要素生产率的比重分别为 41.4%、37.4%、62%。而中国同期的技术进步停滞不前，对全要素生产率的贡献相对较小。Xiao（2012）[①] 的研究表明，中国 1980—1989 年、1990—1999 年、2000—2008 年的技术进步指数分别为 −0.6、3.9、19，对全要素生产率的贡献分别为 −0.8%、13.9%、27.4%。

由以上分析可知，建设乡村创新体系，提升农业技术创新能力是推动中国农业国际竞争力提升的一个重要手段。

# 第二节　乡村创新体系建设中政府介入必要性

乡村创新体系建设中，市场机制不是万能的，存在市场失灵现象。市场失灵是在市场机制充分发挥作用的前提下，经济资源仍未达到有效配置的一系列状况。乡村创新体系建设中的市场失灵包括信息不对称、外部性、公共产品、垄断的存在等方面。

## 一、信息不对称

乡村创新体系建设中的信息不对称既包括技术创新过程的不确定性，也包括技术产品市场上的不确定以及创新主体之间的信息不对称。

### （一）技术创新过程的不确定性

技术创新是乡村创新的重要内容之一，技术创新涉及探索、发现、开发、模仿以及采用新产品、新工艺和新的组织结构将技术商业化的一系列活动。技术创新的本质是将针对乡村的科技成果转化为现实生产力，其根本在于实现科技成果的商业价值，实现技术与经济二者有机结合。技术创新的过程主要包括创新设想、研究开发、市场营销、技术扩散等环节，而每个环节都包含了不确定性，都存在信息不对称。

技术创新过程的不确定性包括：第一，研发活动成功与否的不确定性。一项新技术能否按照预期的目标实现应达到的功能，这在研制之前和

---

① Hongbo Xiao, Jimin Wang, Les Oxley, Hengyun Ma. The evolution of hog production and potential sources for future growth in China [J]. Food Policy, 2012 (37)：366 – 377.

研制过程中都是不能确定的，实施者很难预料到技术创新努力所带来的技术结果。第二，商业化活动的不确定性。即使技术创新活动取得了成功，但其在现实中能否达到预期的经济效益与环境效益，最大限度地减少其外部不经济性，都是事先难以预料的。许多技术创新由于其自身难以克服的环境、健康、能耗等方面的副作用而不能实现预想中的商业化。第三，产品生产和售后服务的不确定性。新的技术成果由于一开始难以寻找到与其相匹配的生产工艺、材料及零部件等，即使实现了商业化，也存在着能否提供快速、高效的向市场提供创新产品及售后服务的不确定性。第四，创新技术寿命的不确定性。新技术产品变化迅速、周期短，因此极易被更新的技术产品代替，而且替代时间难以确定。

## （二）技术产品市场的不确定性

技术产品市场的不确定性主要表现在三个方面：一是市场接受能力的不确定性。技术创新活动的目的是商业化，但技术创新的成果是否能够被市场接受却不得而知。因为，新技术产品对于市场是全新的概念或产品，市场对其了解不多，顾客往往持观望态度或做出错误判断，生产者对市场能否接受及有多大容量难以做出准确估计。二是市场接受时间的不确定性。新技术产品推出后往往需要在相当长时间内做大量的宣传推广工作才能逐渐被市场接受，这一时滞如果过长将使企业难以迅速实现规模化生产，并导致企业长期处于高成本运行状态而难以盈利，甚至难以收回开发新技术的初始成本。三是竞争能力的不确定性。因为新技术产品常常面临激烈的市场竞争，企业不知道竞争对手是否能够推出类似产品或者不知道竞争对手能够快于自己推出新产品。企业很有可能由于落后于竞争对手而导致创新失败。另外，技术产品在投资、利益分配及制度环境等方面也存在着诸多不确定性。

## （三）创新主体之间的信息不对称

创新体系内部主体之间的相互作用是区域创新能力得以提升的重要保证，但内部主体之间的相互交流受到信息不对称的影响。一是技术创新的实施者和技术的提供者之间存在信息不对称。技术创新的实施者可能不能真正了解该项技术能否满足市场开发的商业价值，使得一部分研究没有得到有效开发。二是技术创新的实施者与资助者之间存在信息不对称。实施者为了防止技术外溢可能倾向于技术创新的信息保密，而资助者为了判断投资方向和规模，降低投资风险，希望获得关于技术创新项目的详尽信息，二者之间形成了一个不可调和的矛盾，使得很多技术创新项目因为缺乏资助而终止。三是技术创新实施者之间存在信息不对称。技术创新企业希望通过专利许可允许其他企业使用自身的专利进行生产，但为了防止过多的技术外溢又不愿意提供关于专利的有用信息，这可能使得专利所有人与使用人之间的技术交易出现阻碍。同时，专利许可的授权方需要通过监督专利使用者的产品产出量来计算特许权使用费，这种监控活动的成本很高，甚至使得监控成为不可能。因此，信息不对称在市场交易之外增加了技术创新和交易的成本。

技术创新的不确定性和信息不对称会增加企业创新的风险。虽然中介服务机构在创新的开发者、使用者、资助者之间能够起到连接作用，使得信息的流动更加通畅一些，但中介机构往往收费较高，增加了企业，特别是中小企业的成本。因而，乡村创新体系建设中的信息不对称现象需要政府在其中制定规章制度，降低一些不确定性，或者增加信息的交流。

## 二、外部性

从经济学角度分析，创新活动具有典型的外部性。首先，从创新成本看，创新活动的主体主要是企业、科研院所、高等院校等；由于创新活动是长周期、高投入、高风险的活动，无论对于哪类创新主体而言，其创新成本都是高昂的。创新投入资金来源一般分为创新主体自筹和政府投入两种。从创新活动实践来看，企业创新动力来自于企业外部竞争和内部发展两方面，创新资金基本来源于企业内部自筹，也有少量的创新活动来自于政府委托（如关键技术攻关），此时创新资金来自于政府财政拨款。科研院所、高等院校的创新活动则一般是受托于企业（横向联合）或承担各类政府规划项目（纵向课题），其创新资金来源基本来自于委托企业或政府资助。虽然有些创新活动有政府资金支持，但企业或科研院所、高等院校作为创新主体要投入大量的人力与时间资源，机会成本十分巨大。

其次，从创新收益看，创新主体的创新活动若是自主创新，创新成果所有权一般归创新主体自己所有；若是受托创新，则创新成果所有权为委托人（政府）所有。乡村创新活动的主要目的在于促进乡村产业技术进步，刺激产业技术创新，提高资源效率和促进经济繁荣等，创新主体的创新成果必然会在政府推动下首先在本区域内相关产业所有企业中推广，甚至由于种种原因还会导致创新成果跨越区域或跨越组织边界的扩散和溢出。无论哪种形式的创新成果，经过一定时间之后，最终都会为全社会共享。创新产品或技术很快被市场上的众多企业模仿，创新管理理念或方法很快被作为先进典型学习和推广。因此，创新主体从创新成果收益中获得的利益明显小于社会其他受益者所获得的利益。

### （一）创新体系建设的正外部性

乡村创新活动正外部性的原因主要有四个方面：一是专利保护的有限性。首先是专利保护期的有限性。专利只为专利技术提供一定期限的保护，过期专利会成为全社会共享的免费资源；其次是专利保护力度的有限性。依赖某项专利技术的产品竞争力强，前景广阔，这为一些不法商人提供了盗用专利技术的动机。二是模仿与仿制。依赖某项专利技术的产品市场潜力巨大而一开始时产量有限，这为有些企业通过模仿或仿制该产品留下了一定的市场空间。三是技术人员流动。市场经济条件下，企业人才竞争激烈，人员流动频繁，关键技术人才流动会将有关创新成果带出原发地而扩散至人才注入单位。四是政府推动。地方政府推动乡村创新活动的目的之一就在于提高区域科技水平，创新成果推广自然就成了政府乡村创新活动的工作内容之一。

### （二）创新体系建设的负外部性

乡村创新体系的创新活动也有可能会带来环境破坏、资源消耗、居民健康受损甚至社会危机等负外部性问题。如某项技术的开发使得对某种矿产资源的需求加大，对矿产资源的过度需求极可能产生生态环境破坏，电子产品开发利用对稀土的需求加大导致稀土产区环境破坏严重就是很好的例子。创新活动的负外部性有显性和隐性之分。显性负外部性是指某项技术开发在使一部分人获利的同时给另一部分人或社会大众造成直接的看得见的负面影响；而隐形负外部性是指造成间接的或心理上的负面影响。

创新活动的负外部性，无论是显性的还是隐性的，都会直接或间接地给社会带来生存环境、生命健康和公共资源保护等方面的利益损失，直接或间接地增加了社会成本和社会公共产品的投入。另外，从资源配置效果来看，正外部性条件下，创新主体的创新活动水平常常要低于社会所要求的最优水平，而存在负外部性的情况下，创新主体的创新活动水平常常又要高于社会所要求的最优水平，外部性最终会导致社会资源配置失当。所以，外部性是市场机制固有的缺陷，解决外部性只能依靠政府的有形之手。

## 三、公共品特征

乡村创新体系产出的成果具有典型的准公共品性质。创新成果主要包括知识、技术、专利等。

### （一）创新知识具有公共品性质

创新知识作为知识创新的成果一般表现为新经验、新学说，新理论、新方法、新知识等。知识具有低成本可复制性，可以通过学习或教育、培训等手段传播。知识具有非排他性，某个或某些人学习到某些知识并不能形成对这些知识的独占，丝毫不会影响其他人对知识的获取；知识具有非竞争性，任何人都可通过适合自己的方式获取他所需要的知识，在学习知识方面每个人都有平等的权利，每个人获得的知识量依其不同的学习能力而不同。新知识，尤其是新经验、新学说、新理论的产生，往往都通过某种媒介向世人发表，每个人都可无差别地阅读、学习到这些新知识，同样具备知识的这些共性特征，因而是典型的公共品。

### （二）创新技术具有准公共品特征

创新技术作为技术创新的成果一般表现为新技术、新工艺、新产品及新技术、新工艺的转移、利用等。在乡村创新体系建设中，创新是由政府推动的旨在提高区域竞争能力的区域振兴战略计划的重要内容之一，政府通过各项政策引导和鼓励区域内的创新主体开展各种形式的技术创新活动，使得有些创新技术具备了公共物品或公共资源的特征。对于创新主体自主创新的某些技术（专利或专有技术），作为创新主体的自主知识产权具有竞争性，但其转让使用方面并不完全具有排他性。因为技术转让按转让的范围可分为独占许可、排他许可、普通许可、分许可及交叉许可等。其中，独占许可具备典型的排他性，通过独占许可方式付费取得的创新技术仍然是"私人物品"，其他方式取得使用权的创新技术则不具有排他性，以这些方式付费取得的创新技术就是所谓的公共资源，只要愿意有偿付费，任何组织或个人都可使用这些创新技术。另外，即便是"私人物品"性质的创新技术，由于人员流动、模仿、技术泄露等原因，也会逐步演变为准公共物品或准公共资源。创新技术可以通过所有人的授权转让给别人使用，符合布坎南的"俱乐部理论"，因而具有准公共产品的特征。权利人对创新术的知识产权具有时间性，法律规定的期满后则权利自动终止。知识产权保护期满后的专利技术具有公共品性质。

特别注意的是，政府资助的创新技术具有公共品特征。一般是政府与创新主体在委托代理框架下形成的，若契约约定政府出资创新技术所有权归政府所有，政府为提高区域创新能力和竞争力会在区域内大力推广这些创新技术，如果政府推广实施有偿制，则这些创新技术就是公共资源；如果政府推广实施免费制，则这些创新技术就是公共物品。

### （三）创新管理具有公共品特征

创新管理作为管理创新的成果一般表现为新的管理思想、管理制度和管理方法或模式等。管理创新成果是区域创新主体对企业管理实践经验创新性的总结与升华获得持久的市场优势地位是企业进行持久管理创新的内生原动力。但企业的管理创新成果保护并没有相关制度安排，其创新管理成果会在社会中不断作为成功的新的管理经验被总结和宣传、被学习和交流，因而也就不具有竞争性和排他性，成为典型的公共物品。

### （四）基础研究的供给具有公共品性质

乡村创新离不开基础研究。基础研究是指人们认识自然现象、揭示自然规律，获取新知识、新原理、新方法的研究活动。基础研究具有周期长、耗资大、成功率低、成果不具保密性等特点；这些特征使得市场机制对基础研究的资金与人员供给严重不足。因为私人企业更倾向于见效快、成功率高的应用性研究，尤其是开发研究。因此，市场机制解决不了基础研究供给不足问题，基础研究的供给缺口只有依靠政府才能弥补。

总之，乡村创新体系建设中产生的创新成果大多具备公共物品或公共资源特性，创新活动具有典型的外部性，从而导致市场失灵。如何作出创新性的制度安排，以保护区域内创新主体开展创新活动的积极性，就成为地方政府的重要任务。

## 四、乡村创新的薄弱性

相对于城市，以县域为代表的乡村是科技资源相对缺乏、技术服务体系不完善的区域，不仅自身难以产生一些重大创新成果，而且中央和省（市区）一些政策在县域也存在"落地难"的问题。但国家实施创新驱动发展战略，基础在县域、活力在县域、难点也在县域。为打破县域创新薄弱现状，需要地方政府进行积极干预，采取措施促进科技要素向县域集中集聚。

### （一）加大创新资源要素集聚需要政府引导

创新需要众多创新资源，人才、技术、政策、资金相对于县域来讲都是稀缺资源，如何促进这些创新资源在县域集聚并发挥作用？靠市场力量难以自发形成，此时政府倾向性政策能够帮扶。例如，河北省政府通过实施一批重大科技活动，在县域建设一批重大创新创业载体、孵化器、加速器、院士工作站、特色产业基地等，培育壮大创新主体和创新人才队伍，不断完善科技成果转移转化服务体系，建成完整的乡村创新体系，帮助县域提升创新能力。

**（二）破解县域创新体系建设难题需要政府支持引导**

县域创新体系建设关键制约因素在于县域科技管理干部的动力问题、素质问题和能力问题。为解决这些问题，需要政府出台措施，强化干预。如河北省为破解县域创新动力不足问题，制定奖励制度，安排专项资金，对年度科技创新能力监测评价中居于前列的县（市、区）和实现创新能力大幅跃升的县（市、区）予以奖励，最高可达 500 万元；为破解干部队伍素质问题，每年在省委党校举办一期科技创新专题研讨班，邀请县级党委政府主要负责同志和县级科技部门负责同志参加，提升他们的科技创新意识；为破解能力问题，省科技厅组织编制《河北省科技管理业务一本通》，发给各县（市、区）科技管理部门作为学习"参考书"，同时，由厅领导、相关处室和单位负责人、科技管理专家等组成"科技创新辅导团"，结合各地实际需求，经常性开展帮扶指导[①]。通过上述措施，县域创新体系建设完善起来，创新动力被激发。据统计，2019 年河北省申报高新技术企业数量比上年增长 400 多家，预计全省新增高新技术企业将达到 2 000 家，全省高新技术企业总量将突破 7 000 家；2020 年全省新增备案科技型中小企业 1.19 万家，比任务目标增长近 20%，全省科技型中小企业总量预计达到 7.8 万家。

---

① 县域科技创新能力缘何实现跃升，河北新闻网，http://hbrb. hebnews. cn/pc/paper/c/201912/24/content_20700. html

# 第四章　乡村创新体系建设内容
# 与政府行为边界

乡村创新体系建设涉及农业农村科技创新系统、农技推广系统、技术应用系统等子系统的构建和完善。这些子系统的建设均需要地方政府的介入，但政府介入的角色不同、发挥的作用不同。

## 第一节　乡村创新体系建设内容

根据图1-2县域创新生态系统，乡村创新体系建设包括农业农村科技创新子系统（主要由高等院校和科研院所承担）、技术推广子系统（主要由农技推广机构承担）、技术应用子系统（主要由中小企业及社会公众组成）、技术服务子系统（主要由社会第三方机构等组成）。这些子系统构建及其运行维护构成乡村创新体系建设的重要内容。

### 一、农业农村科技创新子系统

这里的农业农村科技创新系统是狭义的概念，是由围绕农业农村发展需求而进行知识、技术开发的创新主体组成，主要功能是农业科技知识的生产，内容上主要涉及农业科学研究、农业技术开发、农村公共技术开发等活动。在我国，农业农村科技创新活动的主体主要包括但不限于农业高等院校、科研院所和农业科技企业。

### （一）农业科研院所

建设农业农村科技创新系统主要是培育更多科技创新主体。由于农业收益比较低但却是国民经济发展的基础，世界各国对农业科技创新体系的建设或完善均采取扶持政策，由各级政府主导建立完善农业科技创新体系并作为资金和人才投入的主要主体。政府在政策法律、信息供给、财政预算等层面实施宏观调控或提供服务，并以法律和制度的形式予以明确，将农业科研以任务指派或竞标形式分由不同的各级科研机构负责实施。如美国农业研究局（ARS）按照资源条件、生态环境和农业区域特点下设 7 个区域性国家研究分中心，并在各州有 120 多个国家农业综合实验站。其中，一半左右的实验站依托州立大学而建，但由农业部统筹管理，承担研究、试验和示范推广任务。法国的国家农业科学院，按学科领域纵向设置了 17 个研究部，下辖 260 个研究机构，同时按生态等特征设置了 21 个区域研究中心和 80 个国家农业综合试验站及分支机构。

中国农业科技创新主体也主要由政府培育建成。截至 2016 年底，全国地市级以上（含地市级）农业部门所属全民所有制独立研究与开发机构（不含科技情报机构，以下简称"科研机构"）共有 993 个，其中部属科研机构 52 个，省属科研机构 436 个，地市属科研机构 505 个。部属、省属和地市属科研机构数量分别占科研机构总数的 5.2%、43.9%、50.9%。其中，种植业、畜牧业、渔业、农垦、农机化科研机构分别占科研机构总数的 62.3%、12.5%、9.9%、4.2%、11.1%。

表 4-1 2016 年全国农业科研机构数

| 隶属关系 | 种植 | 畜牧 | 渔业 | 农垦 | 农机化 | 合计 |
|---|---|---|---|---|---|---|
| 部属 | 20 | 8 | 9 | 14 | 1 | 52 |
| 省属 | 284 | 67 | 38 | 26 | 21 | 436 |
| 地市属 | 315 | 49 | 51 | 2 | 88 | 505 |
| 合计 | 619 | 324 | 98 | 42 | 110 | 993 |

资料来源：《中国农业农村科技发展报告（2012—2017）》。

### （二）农业高等院校

农业高等院校是农业科技创新的重要主体。我国涉农高校众多，但国家或省属的主要农业院校有 33 所（表 4-2）。

表 4-2 国家或省属主要农业院校

| 排名 | 大学名称 | 综合得分 | 声誉得分 | 学术资源得分 | 学术成果得分 | 学生情况得分 | 教师资源得分 | 物资资源得分 |
|---|---|---|---|---|---|---|---|---|
| 1 | 中国农业大学 | 47 | 64.53 | 46.11 | 22.95 | 59.75 | 47.11 | 38.91 |
| 2 | 华中农业大学 | 41 | 52.62 | 53 | 15.14 | 56.47 | 37.92 | 26.67 |
| 3 | 南京农业大学 | 35 | 47.38 | 27.3 | 20.37 | 55.98 | 32.87 | 27.78 |
| 4 | 西北农林科技大学 | 32 | 46.37 | 42.02 | 12.42 | 50.7 | 12.73 | 32.89 |
| 5 | 华南农业大学 | 32 | 45.35 | 27.07 | 17.02 | 49.05 | 30.82 | 23.45 |
| 6 | 东北农业大学 | 26 | 46.95 | 26.35 | 10.68 | 42.63 | 17.55 | 13.55 |

（续）

| 排名 | 大学名称 | 综合得分 | 声誉得分 | 学术资源得分 | 学术成果得分 | 学生情况得分 | 教师资源得分 | 物资资源得分 |
|---|---|---|---|---|---|---|---|---|
| 7 | 沈阳农业大学 | 24 | — | 21.57 | 8.38 | 48.88 | 28.21 | 16.89 |
| 8 | 山东农业大学 | 21 | — | 11.35 | 11.9 | 48.03 | 16.7 | 24.02 |
| 9 | 甘肃农业大学 | 20 | — | 24.93 | 8.24 | 43.58 | 15.74 | 11.93 |
| 10 | 福建农林大学 | 20 | — | 13.79 | 13.22 | 41.18 | 15.25 | 22.41 |
| 11 | 西南农业大学 | 19 | — | 11.31 | 7.32 | 45.19 | 20.62 | 18.55 |
| 12 | 河南农业大学 | 18 | — | 16.45 | 6.16 | 45.27 | 14.83 | 16.06 |
| 13 | 湖南农业大学 | 17 | — | 15.28 | 8.82 | 42.84 | 13.25 | 12.3 |
| 14 | 河北农业大学 | 16 | — | 5.63 | 6.18 | 45.21 | 19.62 | 14.26 |
| 15 | 山西农业大学 | 16 | — | 10.06 | 6.13 | 43.71 | 14.57 | 13.74 |
| 16 | 华南热带农业大学 | 16 | — | 24.26 | 1.93 | 39.06 | 7.6 | 11.44 |
| 17 | 上海水产大学 | 16 | — | 8.09 | 7.43 | 42.91 | 13.64 | 13.47 |
| 18 | 安徽农业大学 | 15 | — | 5.7 | 9.59 | 40.43 | 12.1 | 17.12 |
| 19 | 四川农业大学 | 15 | — | 8.23 | 9.71 | 43.99 | 8.08 | 14.27 |
| 20 | 内蒙古农业大学 | 14 | — | 10.43 | 3.35 | 41.75 | 10.55 | 15.98 |
| 21 | 江西农业大学 | 14 | — | 5.5 | 9.65 | 40.75 | 11.05 | 12.71 |
| 22 | 新疆农业大学 | 14 | — | 11.89 | 3.01 | 36.41 | 14.82 | 12.52 |
| 23 | 云南农业大学 | 14 | — | 4.6 | 7.73 | 36.98 | 13.79 | 16.8 |
| 24 | 莱阳农学院 | 14 | — | 2.36 | 5.42 | 41.84 | 17.46 | 11.18 |
| 25 | 吉林农业大学 | 14 | | | 6.31 | 33.87 | 20.49 | 14.38 |
| 26 | 黑龙江八一农垦大学 | 13 | — | 3.84 | 9.64 | 35.82 | 12.23 | 11.54 |
| 27 | 北京农学院 | 12 | — | — | 12.07 | 36.26 | 11.12 | 7.98 |
| 28 | 大连水产学院 | 12 | — | 2.52 | 4.94 | 40.22 | 11.89 | 9.02 |
| 29 | 浙江海洋学院 | 11 | — | — | 5.93 | 39.46 | 8.39 | 12.64 |
| 30 | 湛江海洋大学 | 11 | — | 0.46 | 9.3 | 35.49 | 6.95 | 10.11 |
| 31 | 仲恺农业技术学院 | 11 | — | 1.61 | 3.68 | 35.51 | 12.06 | 7.96 |
| 32 | 天津农学院 | 10 | — | — | 1.94 | 36.03 | 13.73 | 7.28 |
| 33 | 塔里木农垦大学 | 10 | — | — | 6.28 | 28.72 | 11.39 | 8.48 |

资料来源：http://nongyejingjiluntan.blog.163.com/blog/static/12824159320098281012494 22/。

## （三）国家农业科技联盟

国家农业科技创新联盟（以下简称"联盟"）是为了深入贯彻乡村振

兴战略和创新驱动发展战略，由农业农村部主导，中国农业科学院牵头，国家、省和地市三级农（牧）业、农垦科学院、涉农高校和部分农业企业共同组成的全国农业科技协同创新组织。自 2014 年底成立以来，联盟认真贯彻落实习近平总书记关于"三农"工作和科技创新的一系列新思想、新论断、新要求，以增强农业科技自主创新能力、破除体制机制障碍为目标，聚焦农业全局性重大战略、产业共性技术难题和区域性农业发展重大关键问题等，通过科技资源共享、协同机制创新、科技任务牵引等手段，集聚了全国农业科技优势资源和力量，初步构建了产学研用紧密结合，上中下游有机衔接的协同协作机制，搭建了集中力量办大事、集中资源克难事的平台和载体。2017 年，国家农业科技创新联盟围绕农业供给侧结构性改革、农业绿色发展和创新驱动发展等重大需求，以推动重大任务落实为抓手，以机制创新促进科技创新，以 20 个标杆联盟建设为重点，强化机制创新和督导检查，在重大技术攻关、支撑产业转型升级和区域农业发展等方面，取得一系列新进展、新成效。攻克了一批质量兴农关键技术，创制了一批技术产品。联盟以农业供给侧结构性改革为主线，以质量兴农为重点，探索科企深度合作机制，加强全产业链关键技术协同创新，引领支撑了农业提质增效和转型发展。这 20 个标杆联盟包括棉花产业联盟、奶业联盟、深蓝渔业联盟、智慧农业联盟、水稻商业化分子育种联盟、肉制品加工联盟、谷物收获机械联盟、水稻绿色增产增效联盟、农业废弃物循环利用联盟、柑橘黄龙病综合防控联盟、小麦赤霉病综合防控联盟、天敌昆虫联盟、东北玉米秸秆联盟、华北农业节水增效联盟、农产品产地重金属污染治理联盟、热区石漠化联盟、农业大数据与信息服务联盟、农作物种质资源联盟、农产品质量安全联盟。

## 二、农业农村技术推广子系统 *

农业技术推广体系是由促进农业科技创新成果传播、扩散并转化为实际生产力的机构组成的，其职能是确保农业技术从实验室到达田间地头。该系统主要承载将熟化的技术推广给农业经营主体这一功能。其中的推广机构包括政府推广机构和一些市场推广机构。

### （一）政府推广机构

2013 年《中华人民共和国农业技术推广法》修订并正式实施，为农

---

* 本部分内容主要来自《中国农业农村科技发展报告（2012—2017 年）》。

业技术推广事业发展提供了有力保障。在国家政策的引导激励下，农技推广工作紧紧围绕保供给、促增收，充分发挥技术和人才优势，狠抓重大技术集成推广，为我国农业发展提供了强有力的科技服务支撑。

农业推广机构按照隶属关系可分为省部级、地市级、县级和乡级。其中，县级和乡级也称为基层农技推广机构，他们是农技推广的主要力量。截至 2017 年底，农业农村部所属种植业、畜牧兽医、水产、农机化四个行业共设立国家农技推广机构 7.49 万个，其中省级机构 252 个，地市级 0.23 万个，县级 1.82 万个，乡级 5.41 万个。从行业分布上看，种植业机构 2.46 万个，占总数的 32.8%；畜牧兽医行业机构 2.08 万个，占总数的 27.77%；水产行业机构 0.37 万个，占总数的 4.89%；农机化行业机构 0.74 万个，占总数的 9.8%；另有综合机构 1.85 万个，占总数的 24.7%。

基层农技推广体系一直是先进实用技术推广的主力军。近年来，示范推广了超级稻、优质麦、双低油菜、转基因抗虫棉等一批重要品种，粮食作物等农业生产用种已全部实现更新换代，测土配方施肥、水肥一体化、病虫害绿色防控等一批关键技术，以及玉米棉花联合收获、水稻插秧、秸秆粉碎还田等一批先进装备得到广泛应用，探索了绿色高产高效创建、标准化规模化种养等一系列技术集成示范与推广模式。

基层农技推广体系成为农民增收致富的带路者。近年来，基层农技推广体系紧紧围绕农业供给侧结构性改革这条工作主线，积极推动农业种养结构调整，引导农民根据当地区位优势，发展杂粮杂豆、蔬菜瓜果、茶叶、花卉、食用菌、中药材和特色养殖等产业，组织农技人员通过蹲点包村、入驻基地等形式，开展技术指导、品牌打造、产销对接、金融服务等多种形式的服务，积极带动农民增收。贫困地区的广大农技人员，积极发挥技术优势，支撑特色产业发展，促进贫困人口精准脱贫。

基层农技推广体系成为农业绿色发展的领头者。基层农技推广体系承担了动植物疫病防控、农业资源和生态环境保护、农产品质量安全等大量公共性、基础性工作，大力推广节肥、节药等农业清洁生产技术，开展秸秆处理、农膜回收、土壤重金属污染治理、畜禽粪污资源化利用、水生生物保护等行动，为促进农业生态文明和农业可持续发展发挥了积极作用。近两年，农药、化肥使用实现了零增长，基层农技推广体系功不可没。

基层农技推广体系成为落实党的"三农"工作的先遣队。基层农技推广体系发挥"上联政府、下联农民"的优势，积极宣传落实农业补贴、价格收储、生态补偿、金融保险、社会保障、农村公共服务等强农惠农富农政策，开展了土地流转、确权登记颁证、农民教育培训等大量基础性服务工作，为农村改革稳定发展保驾护航。

## （二）产业技术体系

现代农业产业技术体系围绕产业需求，通过多学科联动、跨单位协同，充分发挥集中力量办大事、办难事、办基础和长远事的独特优势，破解了以往靠单个课题、单个项目、单个单位无法解决的产业难题，引导农业科技创新要素向我国农业生产实际集聚，把科技创新变成推动产业发生根本性改变的实践活动。产业技术体系既包括技术创新体系也包括技术推广体系，直接围绕农业发展技术需求进行创新活动，并且直接将技术成果应用于农业生产。

现代农业产业技术体系按照全国一盘棋的思路，选择水稻、玉米、小麦、大豆、棉花、油菜、生猪、奶牛、大宗淡水鱼等涉及国家粮食安全的 112 个主要农产品作为体系建设单元，根据产业链部署创新链，将创新链各环节科学划分为遗传育种、病虫害防控（疫病防控）、栽培（养殖）、机械化与设施设备（养殖环境）、产后处理与加工、产业经济等学科领域，每个领域按照产业发展需求设置若干岗位，并在主产区设立若干综合试验站。"十三五"期间，现代农业产业技术体系聘任科技人员共计 2 672 名。其中：首席科学家 50 名，岗位科学家 1 370 名，综合试验站站长 1 252 名；聘任人员中，来自中央单位 769 人，占总数的 28%；地方单位 1 903 人，占总数的 72%；在中央单位中，来自农业部系统 393 人、教育部系统 308 人、中国科学院 35 人、国家海洋局、民族事务委员会等其他单位 33 人；在地方单位中，科研院所 1 314 人，占总数的 69%；高校 334 人，占总数的 18%，企业 170 人，占总数的 9%；其他单位 85 人，占总数的 4%。

现代农业产业技术体系打造了一支全天候支撑、全领域覆盖、全身心投入的专家队伍，时刻瞄准产业发展的重大问题，及时研究提出重大技术措施，推动政府出台相应政策措施，促进技术措施落地。按照国家战略决策和工作部署，体系把技术措施、政策措施落实到转方式调结构、农业供给侧结构性改革、生态循环农业发展等重大工作措施当中，有效实现技术措施、政策措施和工作措施的融合。现代农业产业技术体系已成为中央和地方政府农业产业发展的独特"智库"、解决产业科技问题的"突击队"和应急服务的"特别行动队"。

## 三、农业科技成果应用子系统

农业组织与农户是农业科技成果应用与扩散的主体。尽管从交易成本和规模经济看，农业组织而不是农户是农业技术成果的扩散主体，但农户最终使用农业技术，也是技术成果的应用主体。从交易成本来看，科研机构与分散的单个农户的成果转移谈判难以实现，双方皆难以承担其交易费用；从规模经济理论看，科研机构或农户地位不对等，双方皆难以视对方为合作伙伴。因此，只有具备一定规模的农业组织才能成为科研机构合作的对象，成为农业科技的应用与扩散者。

建设农业科技成果应用系统就是要促进农业经营组织化，培育更多农业企业、合作社、专业种养户等农业经营主体，促使他们采用新技术，并产生科技成果转化的规模效应。

涉农企业不仅是农业科技研发的主体，也是农业技术成果推广和应用的主体。农业企业是指从事农、林、牧、副、渔业等生产经营活动，具有较高的商品率，实行自主经营、独立经济核算，具有法人资格的盈利性的经济组织。据中国农业企业名录显示，我国农业企业有 170 多万家。在这些企业中，经农业部 2016 年认定的农业产业化国家重点龙头企业共 1 131 家。其中，山东省 85 家，四川省 58 家，河南省、江苏省各 55 家。截至 2017 年底，我国上市公司合计 3 034 家企业，涉农类（不包含茶类）企业 121 家，占比约 4%。在农业上市公司中，食品制造业占涉农类上市公司的 31%，食品加工业占比 31%，农业种植业占比 13%，畜牧养殖业占比 12%，渔业养殖业占比 8%，林业种植业占比 3%，其他 2% 为相关服务业。

农业专业合作社是促进农业科技成果应用的重要主体。截至 2018 年底，我国农民专业合作社总数达 189.2 万家，比 2017 年增加了 13.9 万家，入社成员数约 7 191.9 万户，比 2017 年增加 430 万户。其中，湖南、贵州、甘肃、安徽等省的合作社数量增加较快。从行业结构看，种植业、畜牧业、服务业、林业、渔业合作社的数量分别为 103.6 万家、42.8 万家、14.7 万家、11.3 万家、6.0 万家，分别占总数的 54.7%、22.6%、7.7%、6%、3.2%[①]。

## 四、农业技术服务子系统

农业技术服务主体包括农业高等院校、科研院所、涉农科技企业等众多主体。凡是提供农业技术咨询、技术服务等相关业务的主体，都是农业

---

① 农业农村部农村经济合作指导司，中国农民专业合作社发展报告 [M]. 中国农业出版社，2019.

技术服务子系统的主体要素。由于这类要素较多，且与上述不同主体雷同，这里不再阐述。

农业农村科技服务体系有广义和狭义之分，广义的科技服务体系包括为科技创新、成果转化推广、成果应用等服务的众多机构；狭义的科技服务体系仅指为推广转化或应用服务的众多机构。从提供的服务来看，能够提供农技服务的机构主要包括农技、水利等技术推广服务机构，与政府推广部门不同的是，这些推广机构是市场经营主体，而非政府出资的事业单位。

# 第二节　乡村创新体系建设中政府行为原则与角色定位

政府行为边界，亦称行为原则，是政府与周围各事务的界线。政府处于复杂多变的社会中，周围有市场、企业、个人、非政府组织等参照物，政府与这些参照物之间互动的过程中形成的对域界的认知与划定即是政府的边界①。党的十八大提出要让市场在资源配置中发挥决定性作用，乡村创新体系建设中政府行为边界在于政府与市场的关系。

## 一、行为原则

乡村创新体系建设中的政府行为边界主要涉及政府与市场主体的边界。政府在与这些主体相处过程中应该把握以下原则：

### （一）尊重市场的资源配置决定性地位

市场有提供信息、经济激励和决定收入分配等三大作用，通过这些作用实现资源配置功能的形成与完善。市场通过各种运行机制相互影响、相互作用来实现资源配置功能。其中，价格机制是核心机制，市场通过价格的调整来保障资源的供给与需求的均衡，促成社会经济的平稳有序运行。

创新资源配置中，市场对创新资源配置作用体现为以下方面：①在人力资源要素市场上，市场根据对人力资源的内在价值进行评价，形成价格机制，引导高素质的创新人才流向能体现人才价值、发挥创新潜能的地方，创造出更高的收益。②在科技创新资金的配置上，科技创新资金要素市场为创新主体提供了广泛的资金供给平台，促进了创新资金供给方式的

---

① 高玉林．政府边界研究［J］．湖北行政学院学报，2005：2．

多元化，降低单一融资渠道产生的对资金供给主体的依赖，也降低了资金供给主体的投资风险。同时，市场引导创新资金流向效率高的创新主体，创造较高的投资收益，提高了资金配置效率。③在科技创新信息资源要素市场上，市场为科技创新成果供需双方提供了交易平台，通过价格机制对供需行为进行调节。符合企业需要的有市场前景的科技成果，市场需求就相对旺盛，产品价格就比较高，从而有利于引导满足相应需求的供给行为发生。

在公平竞争条件下，市场主体将致力于提高效率和竞争力，从而使全社会形成竞相提高经济增长的质量和效益的氛围。但是，由于科技创新资源配置的市场机制存在市场失灵等现象，完全以利益为驱动的市场配置会制造一种利益最大化的导向，不利于基础科学研究的发展。美国科研创新成功的关键是政府一直坚持联邦政府承担资助基础研究最重要的责任，对于基础科研项目的大部分拨款，原则上不看商业成果，而是看其科学价值①。制度配置与文化配置就成为弥补市场失灵、引导市场配置不可缺少的方式。所以，政府应该适当参与资源配置系统。

在资源配置机制中，市场的主体地位不可改变，政府只应该在市场力量不能及的地方发挥作用，这是基本的边界，也是基本的原则。政府不应该扮演市场的参与者角色，而是要转变为服务型政府，发挥其纠正市场失灵的积极作用，着重通过制度的规范与文化的引导来提高创新资源市场机制配置的效率。

## （二）尊重企业的创新主体地位

企业是市场的主体，也是技术创新的主体，企业基于追求利润的创造力是实现技术进步的动力源泉。政府与市场关系的核心是看企业效率的高低。如果企业的积极性被充分调动起来，企业效率比较高，那么政府与市场的关系就比较协调；而如果企业的积极性不高，或者企业效率比较低，意味着政府与市场的关系不协调。在企业效率较高时，企业往往能够大量创新，实现所谓的"创造性毁灭"，企业新技术不断被开发出来，新产品不断被消费者认可，投资周期可能缩短，市场价值得以充分体现。

大学与科研机构开展的研发活动，由于其目标不在于市场价值的实现，而更注重技术的先进性，导致对市场需求与规律把握不足，使得其成果市场利用价值相对较低。同时，我国现行的科研管理机制的导向也存在

---

① 李建波．美国科研拨款"三原则"的启示［N］．光明日报．2006－8－1．

问题，即重论文、重评奖、轻应用、轻效益，在这种导向的指引下，科研人员在进行科学研究时注重的是研究成果能否发表论文、能否得到政府部门的科技成果奖，而很少考虑科研成果能否得到市场的认可，是否具有较高的盈利前景。最后导致的结果是，大学与科研机构的成果数量多，水平高，但是理论性强，市场价值低，或者成本很高，缺乏市场竞争能力，达不到产业化生产的要求，科技成果转化率不高多年来一直是一个世界性的难题。所以，大学与科研机构尽管进行了大量的知识创新，但不可能成为创新的主体。

事实上，熊彼特的创新理论已经表明，创新本质上是一个经济过程，是技术研发成果在市场上的价值实现。而企业主要面向市场，更能把握市场变化，也更能实现技术成果的市场价值转化。在整个技术成果转化过程汇总，政府的职能是保障企业自由经营活动、降低交易费用的基本权利，保持企业的高效率。

### （三）合理规范政府行为

发展中国家要追赶发达国家，如果要在科技创新方面发挥后发优势，则政府的介入是必要的，而且也是完全可能的。因此，在市场失灵的范围，如提供公共产品、解决市场外部性等方面，需要有政府投资和产业支持。

## 二、角色定位

政府是乡村创新体系的重要主体之一，但政府在其中应当"扮演什么样的角色、发挥什么作用、施行什么行为"一直没有定论。而这些问题对于政府促进乡村创新体系建设至关重要。政府在乡村创新体系建设中应当扮演的角色包括：

### （一）创新规则的制定者

市场经济是法制经济，市场主体的行为必须在一个统一的游戏规则下行事。乡村创新体系是一个复杂的巨系统，各行为主体在利益最大化的驱使下各行其是，就必然产生各种矛盾冲突。而市场机制难以规范调整各行为主体的行为，因此，应该通过各种法律法规、制度政策予以规范、协调。

制定创新法规政策，为乡村创新体系的运行创造良好的制度环境和条件，为创新各方主体提供合理的可预期的行为规则，是政府的首要职责。

激励企业自主创新，建设创新型国家，都迫切需要合理政策和"良法"的支撑。从这一角度讲，政府首要角色就是创新规则的制定者。

### （二）创新行为的导航者

乡村创新体系建设的目标是提升自主创新能力进而提升区域竞争力。但是乡村创新体系各主体并不是统一于这个目标。企业可能基于利润最大化考虑而去研究开发并商业化那些市场潜在价值比较大项目，但这个项目并不一定有利于整个社会发展；高校科研院所可能基于自身需求而研究技术参数比较好看的科研项目，但这个项目可能并不一定具有市场开发价值；其他主体存在利益最大化的最佳行为。其中只有政府能够将不同创新主体的创新行为统一到创新体系建设的目标上来，因为政府具有公共性、权威性、强制性，是创新规则的制定者。政府可以基于乡村创新体系建设目标，制定乡村创新发展战略、相关政策甚至直接投资介入，以此引导创新主体的行为统一到同一目标上来。因而，政府的主要角色之一就是创新行为的导航者。

### （三）公共产品的提供者

乡村创新体系的各项功能主要是通过市场机制来实现，但是，由于企业行为都是以利益最大化为原则，往往出现市场失灵现象，许多创新行为必需的基本服务不可能通过市场机制来实现，必须由政府出面充当供给者。

公共产品（包括服务）天然的供给者是政府部门，乡村创新体系所需要的公共产品也不例外。政府不仅制定制度、领航创新行为，而且要提供必需的基础设施与基本服务，如建立大型科技图书馆、行业标准数据库、大型科研设施设备、建设创新园区、收集并发布科技创新信息等。此外，科技创新所需要的人才一般也需要有政府投资培养，如政府支持的高校培养了大量的科技创新人才。

### （四）体系运行的监管者

政府制定一系列创新规则协调创新主体行为，制定创新战略、政策领航创新行为，提供基础设施等公共产品满足创新体系运行需要，但并不意味着创新主体都能遵章守规、都能积极行为、都能满足创新需要。政府作为公共利益的代表，必须对创新体系的运行效果进行有效的评价与监管，并根据实际效果适时调整法律法规、战略政策。

一是评价监督创新主体的行为是否合规合法。创新体系中一些创新主体为了获利存在着违背市场规律或者违反法律法规行为，如侵犯知识产权、盗用技术专利、仿制新产品等等。此时政府作为市场秩序的维护者需要对主体行为的违规程度进行判断，并作出处罚规定。

二是协调监管政府相关部门共同建设区域创新体系。创新体系建设需要不同政府部门协同管理，但不同部门可能并不一定正确履行了职责，因而需要有一个政府机构统筹监管不同部门绩效，推进创新体系建设。

### （五）创新活动的支持者

乡村创新体系的运行有其内在的规律，其运行的方向和效率主要取决于创新主体的力量，但是，政府的合理干预也能从另一个角度推进乡村创新体系的运行，激发创新主体的动力，使创新具有活力。

首先，有些创新活动关系到国计民生、国家安全和长远利益，或者是属于基础研究、前沿技术研究和社会公益研究，市场的资源配置功能不能顾及的领域，政府应该作为投资主体给予支持。大多数国家乡村创新体系建设中，政府居于主导地位，对乡村创新活动采取积极引导和重点扶植的强干预政策

其次，政府购买可以作为一种激励创新的手段而广泛采用，以扶植企业技术创新。在产品发展的初期阶段，政府通常是创新产品的"吃螃蟹者"。实践证明，稳定的政府购买所形成的国内市场不仅是新兴产业发展的必需，也是它们长期保持国际竞争力的强大后盾。政府购买不仅拉动了市场需求，促进了科技创新，刺激了生产者科技创新的积极性，还可以通过政府的消费示范作用带动社会公众对科技创新产品的需求，起到了重要的导向作用。而且，政府对创新产品的采购还起到分担创新活动风险的作用。

# 第三节　乡村创新体系建设中
# 政府职能定位

政府职能是政府在国民经济与社会发展中应该发挥的功能或作用。政府在乡村创新体系建设中的职能是促进创新主体自主性的充分发挥，促进大学与或科研院所面向乡村科技需求深入开展创新活动，有效排除创新障碍和优化配置创新资源。据此，乡村创新体系建设中政府职能定位包括以下几个方面。

## 一、完善乡村技术市场体系

促进创新主体自主性充分发挥必须完善技术市场体系。尽管市场机制

存在一定的缺陷，但市场机制在促进创新主体自发创新以及创新资源高效配置方面仍然处于主导地位。政府的一个重要职能是尽可能地让市场机制发挥应有的作用，只是在市场失灵时才适时出手干预。因而，政府的首要职能就是建立完善的技术市场体系，保障一个流通顺畅、秩序良好、法制完备的市场体系是企业创新的必要环境。

### （一）规范市场竞争秩序

创新主体在创新成果的权益得不到保护时，便不愿花力气进行技术创新。因此，对创新进行激励的基本条件就是要规范市场竞争秩序。首先，规范市场竞争行为。要在统一规范的环境下，把创新主体的竞争纳入平等竞争、公平有序的轨道。制止恶性竞争，坚决打击不正当竞争行为，建立正当的市场竞争秩序，引导企业采用创新的手段获取市场优势地位。其次，引导创新主体通过创新活动求差异，推进由价格竞争走向差异竞争。通过制定政策，激励企业提高研发投入，开发新产品，提升产品质量。

### （二）培育市场化的技术创新主体

中国农村能够从事农业技术创新的主体较少，一些大型的农业科技企业也将注册地放在大中型城市。作为创新资源的稀薄地，农村想要依靠自身力量实现创新能力提升极为困难。而居于城市的面向农村的科技创新主体开发的成果不一定能够满足乡村社会经济发展需要。因此，政府一项重要职能是培育乡村技术创新主体，增强乡村自主创新能力。

### （三）建立高效的信息交流平台

市场不仅是交易的场所，也是信息传递的场所。市场在促进信息传递机制方面并不是完美无缺的。首先，市场信息有真有假，如果农户的信息辨别能力不足，市场信息传递机制会把他引向一个错误的方向。其次，市场信息有整体性信息，也有局部性信息，农户往往局限于局部市场信息而忽视整体市场信息。再次，市场信息有长期性信息，也有短期性信息，农户对短期信息的关注度要大于长期信息，导致对长期信息缺乏足够的敏感。最后，农户选择的多元性很可能导致市场的混乱无序，混乱必然导致失谐和效率的损失。

市场在信息传递机制建设方面的这四个缺点需要由政府来弥补。首先，政府有充分的人才优势，可以对市场信息的真伪做出更加准确的判断；其次，政府具有强大的信息优势，对市场的各种信息掌握得更充分，对整体信息、外地信息有着更大的调动能力；再次，政府可以调动各种人力、物力、财力，具有强大的市场预测能力；最后，政府可以很好地发挥公关、协调、组织等能力，为市场主体提供协调组织服务。

政府依据自身优势可以提供一个方便可靠的平台，为农户技术采用提供全面、及时的信息服务。同时加强农户与科研机构之间的沟通，避免产学研之间的脱节。

### （四）构建完善技术交易市场

技术交易市场是为技术转移供求双方提供洽谈对接、洽谈管理、交易公证、技术交付、款项支付等服务的场所。技术交易市场发展程度影响着技术转移状况，交易市场越发达，技术转移交易量越多，技术成果转化可能性越大。因而建设技术交易市场十分必要。但是技术交易市场建设具有准公共产品性质，政府要建立健全各种规章制度并且要加强技术市场的监管，尤其在当前网络技术交易市场十分活跃的情况下，更应该完善制度，加强管理。

### （五）引导社会资金流向乡村创新活动

乡村科技创新活动需要大量的资金支持，而薄弱的创新基础和微薄的创新利润使得社会资金不愿意投资于乡村创新活动。为此，政府不仅要投入资金支持乡村创新活动，而且要制定政策引导社会资金加大对乡村科技创新活动的投入。现阶段我国政府投资于乡村创新活动和社会资本投资于乡村创新活动并存，但随着乡村经济社会发展，政府资金适时减少，激励社会资本进入，最终形成社会资本为主体的创新投入机制。

## 二、建立乡村人才培育体系

人才培育是政府的一项基本职能。由于人才培育往往具有部分公共产品性质，企业或市场一般较少投入更多精力或资本培育人才，需要政府承担培育职责。

### （一）促进创新人才面向乡村发展

实行积极的人才政策，吸引国内外的技术人才面向乡村经济社会发展。由于我国大部分技术研发人才集聚在大中型城市，面向城市和工商业开展创新活动，面向乡村的创新型人才相对比较缺乏。因此，政府应制定特殊的人才政策，鼓励科研人员面向乡村开展技术开发。近年来，科技部实施农业农村科技特派员计划，为农业农村创新活动引入了大批人才。

### （二）开发本地创新创业人才

在引进人才的同时，还要注重本地人才资源的开发，本地人才更具有根植性，最了解本地情况，因而也更能做出切合实际的创新。政府要加大本地乡村人才资源开发的力度，为本地人才的发展和利用创造有利条件。近年来农业农村部实施"阳光计划""雨露计划"，为农村培养了大批实用技术人才。下一步地方政府可以建立城乡信息共享的统一人力资源数据库，创建城乡人力资源信息共享和信息联合发布机制；加强人才资源的管理与开发，构建统一的人力资源测评体系和服务诚信体系；建立人才资源使用机制，实现人尽其才、才尽其用，满足乡村经济发展对人力资源的需求。

### （三）优化乡村人才创新创业环境

创新创业人才成长的根本在于其所受到的教育。培育人才成长环境首先需要推进现行教育体制改革，推行以专业教育、职业教育、继续教育为主的乡村人才培养体系。我国目前面向乡村的专业教育存在趋同现象，特色化差异化明显不足，而职业教育长期不受重视，继续教育常流于形式，这些不仅造成就业困难，也压抑了创新创业的意愿与热情。其次，要倡导农村青年自我学习自我成长，通过融入合作社、农业企业或者利用互联网，加强学习，营造良好的学习氛围。

### （四）建立健全乡村人才激励机制

尽快构建富有活力的乡村人才培养政策体系，加速乡村人才培养。重点实行以下政策：一是建立多层次多渠道的教育培训体系，完善地方性农民大学运行机制，鼓励民资、外资投资办学、投资乡村适用人才开发；二是积极开展院地合作，与省内外涉农高校合作培养高层次乡村管理人才和专业技术人才；三是设立乡村人才认定、奖励机制，制定向知识、技术、技能、管理类人才的倾斜性分配制度，包括知识产权入股、管理能力折股、技术技能入股、期权奖励等；四是建立多样的人才激励机制，构建"物质激励""精神激励"和"发展激励"三位一体的人才激励机制。

## 三、健全乡村市场化科技服务体系

科技服务体系在乡村创新体系建设中发挥着催化剂作用，能够促进创新主体更好的创新。科技服务组织是以法律为依据，以技术为商品，以推动技术转移和扩散为目的，在创新主体、创新资源及社会不同利益群体之间发挥桥梁和纽带作用，面向社会开展技术扩散、成果转化、技术评估、创新资源配置、创新决策和管理咨询等专业化服务的机构[①]。政府对乡村科技服务组织的作用在于以下几个方面。

### （一）培育科技服务机构健康发展

乡村科技服务机构的作用主要在于提供科技专业化服务，优化科技创新环境，提高技术创新主体的创新能力；发挥市场调节功能，实现科技与生产要素的优化配置；协调企业与政府的关系，规范市场主体行为，实施对市场的监督和调节[②]。鉴于科技服务机构的重要作用，政府应该大力培育乡村科技服务机构发展。包括鼓励高等院校或科研院所、风险投资机构、社会资本技术入股或者投资兴办乡村科技服务机构；引导政府所属软科学研究、政策研究、行业协会等转制为乡村科技服务机构。

### （二）促进乡村科技服务机构运行市场化

我国许多乡村科技服务机构脱胎于政府机构，部分履行着政府一些职能。面对市场化改革趋势，政府正在逐渐剥离这些机构，促使他们按照市场规律运行。在科技服务组织改制的具体工作中，应明确划分目前各类科技服务组织的发展模式，将政府经营或挂靠的各类性质科技中介服务机构实行市场化转制，对科技服务组织进行清理整顿，使其与原主管的政府部门或企事业单位脱钩，实现财务、人员、业务和名称的独立，改制为自然人出资的有限责任公司或合作社，成为自主经营、自担风险、自我约束、自我发展的经济组织。而对一些必须保留的部分公益性科技服务组织，如国家技术转移中心等，可由国家资助设立，但实行企业式的经营管理机制，以提高其服务的效率与水平。

### （三）发挥行业协会的监督作用

国外成功经验表明，行业协会对中介机构发展影响较大。行业协会不仅能够影响科技服务机构发展方向，而且能够有效监督科技服务机构运行，促进服务机构依法合规运作。政府部门应该充分利用行业协会的作用，通过制定一系列制度，加强诚信建设，促进乡村科技服务机构规范运行。

---

① 吴开松等. 科技中介组织在高新区创新网络中的作用 [J]. 科技进步与对策，2007：7.
② 冯方平，方小淘. 大力发展科技中介机构，推动广东科技创新体系建设 [J]. 图书馆论坛，2005：2.

## 四、完善乡村公共科技服务体系

提供公共产品、完善公共服务是政府应尽职责。乡村公共科技服务体系包括设施建设、服务改进与氛围营造。

首先，加强"硬件"的建设，加强乡村科技创新基础设施建设。加强农业科技园区、重点实验室、工程技术中心、研发中心等基础设施建设，切实为乡村研发人员提供良好的工作、生活、交通、通讯等条件，促进研发人员安心工作，产出更多创新成果。

其次，加强"软件"的建设，构建有利于乡村科技创新的公共服务体系。加强财政、工商、税务、商检、社会保障等政府的职能性服务；特别是当前财务保障制度管理严格的情况下，更应该加强服务，提高服务质量。依法公开政府服务内容与程序，建立透明政府、高效政府；依托大数据，促进不同政府部门之间连网融合、信息互通，为创新主体提供整体式、一站式、便捷式服务。

再次，大力弘扬创新精神，在乡村形成尊重创新、推崇创新的文化氛围，激发大众的创新激情。乡村科技创新的发展，既体现着创新精神，又体现着创业精神。只有具备奋发向上的创新精神，企业才能不断开发新的技术和产品，在市场的大潮中保持持续的竞争优势，缺乏创新精神的企业早晚要被市场所淘汰。在农业领域，创业风险更是远远大于其他产业，地方政府要坚持不懈地弘扬这些精神，使之融入社会的主流价值取向，形成创新的热潮。

最后，营造良好的创新文化氛围。技术创新既需要利益机制的激励，又需要良好文化氛围的孕育。适合创新的文化环境涉及教育理念、企业文化、乃至整个社会文化。营造有利于技术创新的文化需要政府乃至整个社会的共同努力，形成有利于创新的社会环境和尊重知识、尊重人才、尊重创新的社会风气。

## 五、完善乡村科技体制机制体系

创新机制是指创新活动中各种创新因素的结构、功能及其内在联系，表现为创新主体（指企业、科研单位或其他进行创新活动的组织和个人）在创新方面的自我管理机能和活动协调机能[①]。乡村创新机制是乡村创新

---

① 霍福广，陈建新．论我国经济中心城市完善创新机制的对策［J］．科技进步与对策，1999：4.

主体之间的关系，它的形成与完善保障了乡村创新体系的稳定运转，为创新活动提供一个良好的外部环境。政府的作用在创新机制的形成与完善中发挥着主导性作用，在基础性的物质文化环境建设中负有不可替代的责任。

### （一）完善创新动力机制

完善现有的税收优惠政策。鼓励涉农高新技术企业要把更多的资金投在研究与开发上，探索在对涉农高新技术企业实行"三减三免"的基础上，还要充分考虑到创新活动的高风险性，延长其税收减免期限。对涉农创新企业按行业分类实行差别税率，对于低成本、高投入的涉农高新技术企业，应该给予更多的优惠政策，或适当地进行减免，或进行补贴，以促进这些企业的迅速成长。在优惠政策制定时，应向高成长性中小企业倾斜，加快中小型企业的"孵化"过程。

### （二）完善创新转化机制

乡村创新关键在于将创新成果转化为现实生产力。政府应该不断完善创新成果转化机制，促进成果转化。为此，应特别注意：一是完善农业农村技术市场，使技术市场更加规范化，这是涉农技术创新资源配置和创新成果转化为现实生产力的主要途径。二是要加强农业技术工程研究和开发工作，把农业技术成果的开发利用放在优先发展的战略地位。根据乡村发展战略，遵照集中优势、重点发展、择优支持的原则，确定重大科技攻关计划，加大科技投入。三是要对乡村现有的科技园区加强管理，合理分工，明确各自的重点发展方向，以提高园区的综合经济效益。

### （三）完善创新成果保护机制

创新的成果一般以技术、创意、艺术等形式表现出来，而创新成果必须在知识产权法的保护下才能健康成长。加强产权立法执法保护就是要建立并不断完善知识产权法律体系；加强利用行政处罚方法，加大对知识产权侵犯案件的打击力度，促进执法严格；加强知识产权司法保护，依法对知识产权人进行保护。

政府通过引导知识产权人集体管理以及建立知识产权救济制度也是实现保护的有效手段。如引导弱势知识产权人通过与实力强大的使用者联合实现集体管理，从而增强维权能力；引导知识产权人或其他利害关系人建立自我救济制度，增强知识产权保护意识。

# 第五章　乡村创新体系建设模式
# 与政府行为方式

## 第一节　乡村创新体系建设模式

依据美国学者万尼尔·布什（Vannever Bush）的"基础研究→应用研究→技术革新→技术应用与推广→商业化"线性创新模式，乡村创新体系建设可以分为政府主导、市场主导两种模式，而两者的综合也是重要的建设模式[①]。

### 一、政府主导模式

政府主导模式是我国乡村创新体系建设的重要模式，也是社会主义新农村建设之前农村地区创新体系建设的主要模式。这种模式下政府主导农业科技创新体系建设，主导农业技术推广和应用体系建设。一般说来，政府根据农业生产发展的公益需求推动科学认知的发展，通过科技计划形式安排科研经费和优惠政策，鼓励科研机构或创新主体承担相关的科研任务，在研发成果出来以后，政府对成果进行试验推广，直至推广到最终使用者——农户。如图 5-1 所示。

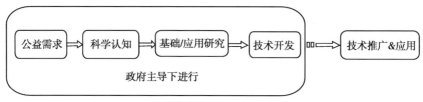

图 5-1　政府主导的乡村创新体系模式

在我国，政府主导模式成为主要模式的原因在于：一是农业科研力量较为薄弱，需要政府调集人力财力攻克一些农业生产中遇到的技术难题。

---

① 陈建伟. 我国农业科技创新效率研究 [D]. 保定：河北农业大学，2010.

我国政府在协调不同创新主体进行农业科技攻关时具有优势，能够快速满足农业生产所需。二是大部分农业科技创新成果具有公共品性质和高风险性质，政府主导正是其职能发挥的体现。

政府主导模式一般适用于具有公益特征、正外部性较大、投资大、周期长、风险较高的重大农业科技创新活动。该模式存在的最大弊病在于科技成果与市场需求的对接不匹配，相关成果不能如实转化为生产力。目前我国每年登记的农业科技创新成果可达 3 000 余项，但转化率仅 40%，真正形成生产经营规模的不到 30%。

当前，乡村创新体系建设中政府主导为主要形式。原因在于，地方政府能够调动的农业科技创新资源较多，能够以协同或合作创新模式促进区域内创新主体与高等院校或科研院所合作。一是通过推动农业科技项目促进乡村创新体系建设。如南京市栖霞区通过大力建设八卦洲现代农业科技园，推动南京农业大学、南京林业大学、江苏省农业科学院、中山植物研究所等一批高校或科研院所来区集聚，吸引 40 多家蔬菜、花卉企业等来区集聚，建设"芦蒿产业技术创新中心"等多个创新平台，有力推动了乡村创新体系建设。二是科技扶贫模式。例如，农业部组织在恩施和湘西定点扶贫地区农业科技创新能力，持续投入 570 万元科研经费支持湖北省恩施州、湖南省湘西州的农业产业发展。2017 年，在湖北省恩施州设置水稻、玉米、马铃薯、茶叶、牧草、中药材 6 个湖北省省级绿色食品原料标准化生产基地，国家现代农业产业技术体系岗位科学家 1 人，综合试验站站长 6 人；在湖南省湘西州设置柑橘、茶叶、中药材、特色蔬菜等 4 个国家现代农业产业技术体系，综合试验站站长 4 人，中央财政投入经费 200 万元①。这些科技扶贫工作通过为农户开展技术示范和技术服务，带动农业发展，农民生活水平提高，形成政府主导的乡村创新体系。

## 二、市场主导模式

市场主导模式的驱动力是农村社会需求与现有技术短缺所带来的潜在利益。农业科技创新市场主体为追逐这种潜在利益将主动对农村社会需求进行研发，以此进行农业科技创新活动，如图 5-2 所示。在这种模式下，农业经济社会主体，常常是一些大中型企业，自己研发或委托或合作研发满足农村社会需求的技术创新成果，并将所开发的成果进行中试、试生产

---

① 农业农村部科教司. 中国农业农村科技发展报告（2012—2017 年）[M]. 北京：中国农业出版社，2018.

及商业化生产。

图5-2　市场主导的乡村创新体系模式

市场主导的农业科技创新与政府主导的农业科技创新在具体路径上有较大区别。市场主导的科研创新主要集中于可以快速商业化的应用型技术革新，这区别于政府主导的科学认知发展和基础研究，也区别于商业化相对缓慢的公益性技术创新。这些能够快速商业化的技术研发活动往往具有投资规模较小、研发周期短等特征。该模式有助于激发市场主体投身农业科技创新的热情，有助于吸引更多社会资源投向农业科技创新领域。但该模式下创新主体对基础研究和公益类技术创新的兴趣不高，农业科技创新活动有可能缺乏连续性。

目前，市场主导的乡村创新体系建设表现在以下几个方面：一是乡村科技能人带动发展模式。一些懂农业、懂科技、懂经营的人才依据农村经济社会发展实际需求主动开展创新活动，以此吸引一些科技创新人才集聚乡村，带动乡村依靠科技创新获得高质量发展。这些能人可以是挂钩帮扶或引进的农业科技人才，如江苏句容市戴庄村的赵亚夫，也可以是当地有头脑、有想法、有经验的能人，如江苏太仓城厢镇东林村党委书记苏齐芳、河南濮阳西辛庄村的李连成等。二是农业科技企业引领发展模式。一些农业科技企业根据农村经济社会发展需求开发新品种、新技术、新工艺、新模式，推动农产品供给和市场需求衔接，通过开展"公司＋农户"组织模式，带动周边农户采用新技术、新工艺、新品种，提升农业生产效益。如江苏帅丰集团是农业领域的高新技术企业，开发"螃蟹＋鲈鱼"的新型水产养殖模式，通过统一的苗种供给、技术服务、管理标准、产品回购模式，带动周边农户养殖致富，还有广东温氏集团的"公司＋农户"养猪，兴化市安丰镇红膏公司的高效生态养殖技术开发和示范等。

## 三、混合驱动模式

上述两种模式都是线性发展模式，都存在局限性，在技术创新开发活动中，存在以政府和市场力量共同驱动的创新体系建设。农业科技研发活动具有社会公益和经济利益的双重功效，而政府主导的乡村创新体系建设偏重于科学认知和公益技术，市场主导的乡村创新体系又过于偏重于市场利益与应用技术。混合式技术创新模式有助于弥补两者缺陷，实现共赢，从而形成混合驱动的乡村创新体系模式，见图5-3。

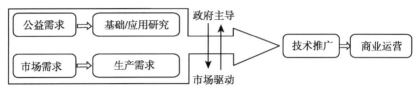

图5-3 混合驱动的乡村创新体系模式

这种模式也是适应现代大多数农业技术突破是多种力量交互作用需求产生的。由于一些创新活动呈现出开放和扩散等特征，需要多种创新主体参与其中，需要多个创新资源相互协同配合，使得混合式的乡村创新体系模式得以出现。在这种模式下，一方面，一些创新主体可根据市场需求因时制宜、因地制宜地开展技术创新活动，并向政府申请国家农业科技创新计划，弥补自身在人力、财力等方面的不足，在更高的创新平台上谋求更广泛的合作，降低从事农业科技创新活动的风险，保障科研的可持续性；另一方面，政府可根据科学认知和公益需求资助科研院所开展基础和应用研究，并鼓励其在市场中寻求合作主体，从事应用技术开发，实现农业科研成果商业化，满足市场需求[1]。

这种模式实际上是兼顾了农业基础研究和应用研究。一方面，适应世界农业科技发展的新进展、新趋势，以及中国农业现代化的新形势、新要求，要求乡村创新体系必须着眼长远发展，超前部署一批农业科技前沿及高新技术和农业基础研究，推进应用导向的基础研究成果取得突破；另一方面，面向产业需求，要求乡村创新体系必须在一些农业行业的重大关键技术和共性技术有所突破，大力推进农业科技自主创新、增加技术源头供应，注重成果转化和应用推广，着力解决科技与经济脱节的问题。

当前一些农业科技发展模式代表着混合驱动的乡村创新体系模式。一是"互联网＋农业"发展模式。运用"互联网＋"思维和大数据、物联网、人工智能等技术，提高农业生产工业化装备水平，拓展依托互联网的农产品营销渠道，建设"智慧型"农业产业链。如南京市高淳区依托南京电子商务协会和龙头企业发展了"惠农云仓"项目，与顺丰物流紧密合作，整合建设基于微信、淘宝、京东等互联网销售平台的服务链，不仅服

① 陈慧女，周鲁. 中国农业科技创新模式变迁及策略选择［J］. 科技进步与对策，2014（17）：70-74.

务该企业自身的螃蟹、龙虾、咸鸭蛋等农产品销售,还为周边农户提供便利化、低成本的产品包装、冷链物流、微商营销等服务。南京市高淳区和兴化市螃蟹养殖大户,开始应用物联网装备技术,实现水质的实时监控、无人机自动巡塘等功能。二是科技促进一二三产融合发展模式。推进镇村一体化发展,大力发展农产品深、精加工技术,积极发展农业交易、旅游、文创等服务业,形成科技、产业协同支撑乡村发展态势。江苏省太仓市东林村推动转型升级,首先做的就是统一科学规划建设农产品种植区、工业加工区和集中生活居住区,提升农业生产工业化技术水平,推广百分百自产基质料育秧、温湿度调控、自动喷滴灌系统等先进技术项目。南京市八卦洲农业科技园推进街道、园区、乡村统筹规划发展,大力开发相关技术,发展芦蒿等特色农产品深加工产业,同时发展生态农业旅游产业,打造"陌上花渡"园区作为嘉年华永久主会场,累计接待游客 150 万人次[1]。

## 四、产学研合作模式

如果说政府主导的乡村创新体系是以政府为主要协调单位,促进创新主体围绕乡村经济社会发展需求开展创新活动,市场主导的乡村创新体系适应企业为主要协调单位,促进创新主体围绕乡村市场需求开展创新活动,那么,产学研合作的乡村创新体系是以学研单位为主要协调单位,促进创新主体围绕农村经济社会发展需求开展创新活动。

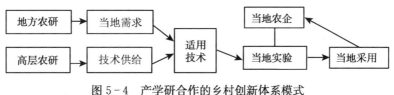

图 5-4　产学研合作的乡村创新体系模式

产学研合作的乡村创新体系是农业科研院所或农业高等院校与基层农技推广机构、农业企业或者农业科研单位联合开展创新活动的一种模式。农业科研院所和农业高等学校参与合作的主要目的是履行服务社会的职能、建立研究开发或教学实验基地、孵化转化技术创新成果等。地方基层农技推广机构、农业企业和农业科研机构参与合作的主要目的是开发当地

---

① 杜华章,赵桂平,严桂珠.江苏农业科技推广体系建设探索与创新 [J].山西农业科学,2016,359 (01):89-95.

适用技术、培养实用人才、带动地方经济发展等。一些地方政府积极申建农业科技园区或者农业高新技术开发区就是其中的一种形式。

当前产学研合作的乡村创新体系逐渐增多，也逐渐成熟。典型的模式主要包括：一是挂县强农富民工程。例如，江苏省为了推进农科教、产学研紧密结合，加快农业科技成果转化，从 2009 年起实施"挂县强农富民工程"。主要是将省内的各农业科研教学单位与县（市、区）进行挂钩对接，围绕现代农业发展的产业技术需求，开展农业科技推广服务，推进科教单位与地方、科技与产业、驻村专家与示范户的"三个层面对接"：34家省级农业科研教学推广单位与 38 个县（市、区）挂钩对接，科技专家与派驻村"一对一"的产业对接，驻村专家与示范户面对面、手把手指导服务，帮助示范户解决生产中的实际问题。

二是农业科技综合展示基地工程。例如，江苏省为探索农业科技成果集中展示、集成创新和技术物化推广的新机制，2007 年以来在不同生态农区建设一批农业科技综合展示基地。到 2013 年，全省共建成现代农业科技综合展示基地 70 个，全年共示范农业新品种 200 多个、新技术和新模式 700 多项次，创新了全省农业主导品种、主推技术的筛选机制，提高了农业科技集成创新水平，成为农业新品种、新技术、新模式集中展示的"超市"、农业新技术组装集成的平台、农技人员培训的现场和农民"临摹"应用新成果的田间课堂。农业科技综合展示基地不同于一般意义的农业科技示范园区，它通过集中分类展示江苏各农业院校、科研单位研发的农业新品种、新技术、新成果，让农业科研人员和农技推广人员在基地上同台竞技，比产量、比效益，共同切磋，共同提高，并以"技术超市"的形式，进行现场观摩并辅以相应技术培训，促进新品种、新技术和新模式的推广应用，加快构建适应江苏省现代农业发展的科技成果推广转化平台[①]。

# 第二节  乡村创新体系建设中政府行为方式

政府行为是政府履行职能时开展的各项具体活动。由于政府活动非常多，本节按照乡村创新体系建设中政府的角色定位与职能定位，大致将乡村创新体系建设中政府行为分为以下几个方面。

---

① 杜华章，刘俊，李亚伟. 创新现代农业科技推广模式的实践与思考 [J]. 山东农业工程学院学报，2014，31 (6)：22 - 24.

## 一、争取国家科技创新资源

国家科学技术部农业农村司的职能是：拟订科技促进农业农村发展的规划和政策，提出重大任务并监督实施，推动重大关键技术攻关；指导农村科技进步和县域创新驱动发展工作，推动科技扶贫工作和农村科技社会化服务体系建设；提出相关领域平台、基地规划布局并组织实施。

作为国家农业农村科技管理部门，其主要职能是制定农业农村科技发展政策，从宏观上调节分配农业农村科技资源。自 2001 年以来，国家科技管理部门颁布的相关农业科技创新政策可见表 5-1。

**表 5-1　国家科技部颁布的涉农科技发展政策**（2001—2019）

| 政策名称 | 颁布部门 | 颁布时间 |
|---|---|---|
| 创新驱动乡村振兴发展专项规划（2018—2022 年） | 科技部 | 2019-01-21 |
| 关于加快推进农业机械化和农机装备产业转型升级的指导意见 | 国务院 | 2018-12-29 |
| 关于公布 2018 年国家农业科技园区验收结果的通知 | 科技部办公厅 | 2018-12-24 |
| 关于第八批国家农业科技园区建设的通知 | 科技部办公厅 | 2018-12-24 |
| 关于印发《国家农业科技园区管理办法》的通知 | 科技部等 | 2018-02-02 |
| 关于印发《国家农业科技园区发展规划（2018—2025 年）》的通知 | 科技部等 6 部委 | 2018-02-02 |
| 关于推进农业高新技术产业示范区建设发展的指导意见 | 国务院办公厅 | 2018-01-29 |
| 关于印发《"十三五"公共安全科技创新专项规划》的通知 | 科技部 | 2017-09-07 |
| 关于印发《生物技术研究开发安全管理办法》的通知 | 科技部 | 2017-07-25 |
| 关于印发《"十三五"中医药科技创新专项规划》的通知 | 科技部等 | 2017-06-14 |
| 关于印发《"十三五"健康产业科技创新专项规划》的通知 | 科技部等 | 2017-06-14 |
| 关于印发《"十三五"卫生与健康科技创新专项规划》的通知 | 科技部等 | 2017-06-14 |
| 关于印发《"十三五"农业农村科技创新专项规划》的通知 | 科技部 | 2017-06-14 |
| 关于印发《"十三五"食品科技创新专项规划》的通知 | 科技部 | 2017-06-02 |
| 《关于县域创新驱动发展的若干意见》 | 国务院办公厅 | 2017-05-24 |

（续）

| 政策名称 | 颁布部门 | 颁布时间 |
|---|---|---|
| 关于印发《科技扶贫行动方案》的通知 | 科技部等 | 2016-10-25 |
| 关于新形势下加强县（市）科技工作的意见 | 科技部 | 2011-07-20 |
| 关于深入开展科技特派员农村科技创业行动的意见 | 科技部 | 2009-05-31 |
| 关于继续开展科技富民强县专项行动计划工作的通知 | 科技部 | 2008-04-08 |
| 新农村建设民生科技行动方案 | 科技部 | 2008-03-05 |
| 节能减排全民科技行动方案 | | 2007-09-29 |
| 中华人民共和国动物防疫法 | | 2007-08-30 |
| 科技兴县（市）专项工作管理办法 | | 2007-08-06 |
| 中国应对气候变化科技专项行动 | | 2007-06-13 |
| 国家可持续发展先进示范区管理办法 | | 2007-03-20 |
| 新农村建设科技示范（试点）实施方案 | | 2007-02-12 |
| 科普惠农兴村计划专项资金管理办法（试行） | | 2006-09-13 |
| 关于深化改革加强基层农业技术推广体系建设的意见 | 国务院 | 2006-08-28 |
| 关于推进县（市）科技进步意见的通知 | | 2006-04-27 |
| 重大动物疫情应急条例 | | 2005-11-18 |
| 科技富民强县专项行动计划资金管理暂行办法 | | 2005-08-29 |
| 农作物种质资源管理办法 | | 2003-07-08 |
| 农业科技成果转化资金项目监理和验收办法 | | 2002-10-28 |
| 农业科技成果转化资金项目管理暂行办法 | | 2001-08-28 |
| 市、县、区科技进步考核办法（试行） | | 2001-07-09 |
| 农业科技园区指南 | | 2001-07-06 |
| 农业科技园区管理办法（试行） | | 2001-07-06 |

资料来源：科学技术部农业农村科技政策。

此外，国家科技管理部门还掌管着自然科学基金、科技重大专项、重点研发计划、技术创新引导专项（基金）、基地和人才专项等5类科技计划。这五类科技计划既聚焦重点，又形成整体且避免交叉重复，形成对科技创新活动强有力的支持。农业农村部相关资金支持计划涵盖其中。

无论是国家科技部的政策还是支持基金，地方政府对此都极为重视，都在积极申报科技资源落户当地。地方政府部门也将落实国家科技部门政策和争取资金支持作为管理工作的重要部分，因此地方政府行为方式之一就是争取国家科技创新资源支持。

## 二、建设各类创新创业平台

地方政府部门尤其是科技管理部门通常在国家科技管理部门的指导下开展农业农村科技创新管理活动。其中一个重要工作是建设乡村科技创新平台。一是积极建设农业科技园区，省级科技管理部门制定了科技园区管理办法，不仅积极组织科技基础条件较好的农业园区积极申报国家级农业科技园区，同时积极推进省级农业科技园区建设。如河南省按照科技部《国家农业科技园区发展规划（2018—2025年）》和《国家农业科技园区管理办法》要求，由省科技厅牵头，会同农业农村厅、林业局、水利厅、统计局、中国农业银行河南省分行等部门修订制定《河南省农业科技园区管理办法》。二是积极建设创业平台。不仅组织地市农业经营主体积极申报国家级星创天地，而且设立省级星创天地建设标准。三是在科技计划方面，积极组织地方高校、研究院所申报重点实验室、科技重大专项、重点研发项目等资金支持，建设科技创新研发平台。

地方政府为促进农业农村科技创新管理工作的规范化，也常常制定专项规划。如围绕地方主导产业发展需求对未来一定时期的科学技术知识而制定科技发展规划，引导政府朝"前"看，从而在主导产业选择中不至于迷失方向；引导农业农村技术创新方向，促进创新主体不断创新并始终保持发展活力。

## 三、培育乡村科技创新主体

作为创新体系的协调者，政府的一项重要职能是协调创新主体的行为，但是当创新主体比较弱时，政府还不得不培育创新主体。在我国，涉农企业、合作社等作为技术创新主体的地位还不够牢固，通过技术创新来获取竞争优势还不是大部分企业的主要形态。因而地方政府的主要行为之一就是培育涉农创新型企业。

### （一）鼓励涉农企业建立研发机构

我国80%左右的农业科技研发人员集中在涉农高校与科研院所，企业研发人员占比仅仅20%左右；而发达国家涉农企业集聚的研发人员高达60%～80%。我国涉农企业研发人员相对较少的一个重要原因在于内部研发机构较少，无法承载技术研发功能。传统上，我国农业企业最初是农产品生产与加工职能，后来销售功能增加，实现产销一体，但直到目前，大多数企业仍然以产销业务为主，研发业务没有得到足够的重视。事实上，由于研发投入大、收益不确定、成果易模仿等特征，很多涉农企业视其为成本中心，而没有看到其深远影响。因此，政府应通过政策激励涉农企业建立研发机构，发展研发业务。我国政府近年来通过支持涉农企业设立工程技术中心、工程研发中心、院士工作站、博士后科研流动站等措施已经激励许多涉农企业建立研发机构，但总体而言，受激励的企业还在少数，还应该加大支持力度。

## （二）培育农业创新型企业家

纵观古今中外，成功的企业家莫不是具有强烈创新精神的人，对市场具有高度敏感性，并具有占领市场的强烈欲望和出众的才能①。企业家在当代社会也被称为创业者、创客，是把技术实现商业化应用的个体或群体。拥有一个企业家队伍是地方经济活跃的主要标志，如我国温州地区企业家众多，经济发展相对较好。

我国地方政府重视农业企业家队伍建设，在 20 世纪 90 年代一大批乡镇企业随着市场经济体制建立应运而生，涌现出大量的农民企业家。但是随着 21 世纪城镇化浪潮，大量乡镇企业家搬入县城或者地级市中心，部分企业也搬入政府划定的产业园区，乡村本土的农业企业家开始减少。随着乡村振兴战略实施，一部分"懂农业、爱农村、爱农民"的"新农人"返乡创业。地方政府也通过建设创新创业平台，千方百计优化营商环境，为企业家的创新创业搭建良好的广阔舞台。

截至 2017 年底，国家通过实施新型职业农民培育工程，在全国农业县围绕主导产业培育专业大户、家庭农场经营者、农民合作社带头人、农业企业经营管理人员、农业社会化服务人员等现代农业发展的领军力量，提高他们的综合素质和生产技能，累计培育各类型职业农民超过 500 万人。这其中有很大一部分是农民企业家。

## （三）完善乡村创新激励机制

充分利用政府政策制定权限，不断制定并完善诱导性和鼓励性的财政、税收和信贷政策，促进科技与金融结合，激励企业不断加大科研投入，促进技术成果转化。在制定国家科技发展规划时，要充分考虑企业需求，在科技投入、研究计划和人员配置上向企业倾斜，逐步使我国科技体制由政府研究机构主导型转变为企业研究机构主导型。政府科研投资的方

---

① 沈铭贤.努力使企业成为技术创新的主体 [J]. 毛泽东邓小平理论研究.2007：2.

向，应从主要投向科研机构转为主要投向企业，促使企业成为科技创新的主体。除重大基础研究、战略研究以外的科研项目，尽量吸引企业参与。对于企业开展的市场前景好、技术含量高的研发课题，可以列入国家科技计划，并给予政策、经费、人力的支持。

## 四、积极开展科技扶贫

为决胜全面小康，科技部 2016 年制定颁发《科技扶贫行动方案》，各省市积极行动，开展多种形式的科技扶贫行动。

支持贫困地区现代农业产业发展。针对贫困地区现代农业发展的突出技术问题，着力在动植物育种与繁育、病虫害防控、栽培与土肥、农机装备、产业加工等共性技术和关键技术方面强化研究、集成和示范，提供技术指导服务。如农业农村部在四川藏区为大麦青稞、燕麦荞麦、马铃薯、油菜、玉米、食用菌、大宗蔬菜、牧草、肉牛、牦牛、绒毛用羊等 14 个产业体系提供技术指导服务，帮助这些特色农业产业向标准化、产业化、规模化发展。

支持贫困地区建立畜牧站、农技推广站等成果转化平台。针对一些贫困地区农业技术推广机构缺乏的现状，政府科技管理部门根据贫困地区关键共性技术需求，帮助地方建立农技推广、畜牧兽医等技术试验站、实验室等科技研发或示范推广平台。如科技部在贵州毕节支持建设 4 家畜牧兽医试验站，在西藏、新疆等一些贫困地区建设 20 多个农业部重点实验室和科学观测站。通过农业发展资金继续对基层农技推广体系改革与建设给予支持，支持贫困地区基层农技推广体系建设，建设农业科技试验示范基地，打造农业科技试验示范基地等示范服务平台，加强基层农技人员知识技能培训，提升农技推广服务效能。

实施特聘计划，提升贫困地区农业科技创新能力。通过加强产业技术创新体系建设、派遣岗位科学家和科技特派员、加快培养本土技术人才等形式加强对贫困地区特色产业的技术开发和集成示范，提升科技创新能力。如派遣岗位科学家和科技特派员 10 多人支持湖北省恩施州茶叶、牧草、中药材等特色产业技术体系建设，直接开展技术对接，现场指导解决经营主体遇到的技术问题，建立起长效科技服务对接机制。通过政府购买服务的方式，从农业乡土专家、种养能手、新型农业经营主体技术骨干、科研教学单位一线服务人员中招募一批特聘农技员，承担公益性和公共性农技推广任务，弥补基层公益性服务供给不足。经过各方面努力，特聘计划试点扎实有序推进。已经有 263 位优秀人员被招录为特聘农技员。农技推广服务特聘计划试点的实施，为产业扶贫提供了有力的人才支持，为基层农技推广体系建设探索了新路径，得到基层政府和农业部门的认可，受到农民群众的欢迎。

大力培育贫困地区产业发展带头人。依托新型职业农民培育工程，启动实施农业产业精准扶贫培训计划，在全国 792 个贫困县投入 5.4 亿元，培育产业扶贫带头人 23.4 万人，提高其综合素质和生产经营能力。提高贫困户自我发展能力和示范带动能力。在环京津贫困地区启动实施"万名脱贫带头人培育行动"，每年在环京津贫困县培育 9 000 名新型职业农民，发挥他们的示范带动作用，助力打赢脱贫攻坚战。

## 五、着力营造乡村创新环境

2017 年，国务院办公厅颁发《关于县域创新驱动发展的若干意见》，随后科技部出台《创新驱动乡村振兴发展专项规划（2018—2022 年）》，对县域乡村区域的科技创新发展重点工作进行了部署，同时也为地方政府全面开展乡村创新体系建设工作提供了政策依据。乡村创新体系是乡村创新网络与乡村创新环境的综合。地方政府在培育创新网络的同时，营造创新环境，促进创新主体自发创新是必要的行为之一。

首先，不断完善乡村创新政策体系。政策体系是乡村创新环境的基本组成部分，政府应该根据区域的经济发展水平和产业结构情况，制定和实施适合本区域的科技创新政策体系，并使之协调运行。政策体系包含广泛，既包括创新链各环节的支持政策，也包括与创新链相关的创新活动支持政策；既包括创新主体支持政策，也包括创新环境要素、资源要素等培育政策；既包括科技投入政策，也包括科技产出支持政策；既包括产学研合作创新支持政策，也包括跨区域合作支持政策。完善这些政策并促使它们协同运作构成良好的政策环境。

其次，提高乡村社会成员整体创新素养和知识水平。通过实施人才专项工程，重点在技术人才创新能力提升，高科技人才培养与引进、创业能力与创新素质提升等方面加大投入，创造培养人才、吸引人才、留住人才、用好人才的良好环境和机制。

最后，建设创新文化氛围。政府制定引导性政策规范，激励科技发展与创新、保障技术创新要素的顺畅流动、形成创新所需的文化氛围和市场环境，管理和规范系统中其他要素的创新活动；政府要不断改善网络所在地的社会环境以及科学文化条件。

# 第六章  乡村创新体系建设及
# 政府行为评价

对乡村创新体系建设效果进行评价主要是从乡村创新能力的角度展开，认为创新体系输出结果是创新能力，能力越强体系建设效果越好。对政府行为评价包括对政府行为方式及其所达到的效果进行评价。制定政策是政府主要的行为方式，也是主要的评价点。

## 第一节  乡村创新体系建设评价

乡村创新体系是一个投入产出体系，对其评价主要从两个方面进行，一是对创新体系建设效果进行评价，主要是选取指标计算创新能力，二是对创新系统的效率进行评价，主要是选取指标计算投入产出效率。

### 一、关于评价的相关研究

#### （一）对创新能力评价的研究

对乡村创新体系的评价主要从能力评价展开，能力评价的重点是建立指标体系或模型对不同乡村区域之间的创新能力进行比较，对比乡村创新能力水平。国内目前的研究主要针对农业科技创新能力进行评价。如朱玉春、黄增健（2008）对我国 31 个省市的农业科技创新能力进行评价，认为区域间农业科技创新能力发展不平衡，经济发展水平较高的省份农业科技创新水平较高[①]。曹琼、李成标（2013）从农业科技创新潜力、投入能力和产出能力三方面构建湖北省农业科技创新能力的评价指标体系，发现湖北省农业科技创新能力主要受一产固定资产投入、研发强度和国内申请

---

① 朱玉春，黄增健．我国农业科技创新能力区域比较研究 [J]．商业研究，2008，377
（9）：133－136.

专利数等几个因素影响①。李奎等（2011）②和马利华等（2011）③构建了县域农业科技创新能力的评价指标体系，并进行了评价。一些学者对创新能力的评价方法进行探讨，如林伯德（2010）④提出"链环——回路"模型，并以此构建了一个包含研发能力、示范能力、推广产业化能力和环境能力的农业科技创新能力评价模型。

当前缺乏直接针对乡村创新体系绩效进行评价的研究，但针对区域创新生态系统绩效评价的研究较多。吴金希（2004）⑤强调对创新生态体系活力的衡量应包含环境的融入能力、增值能力、健康度、寿命和生命周期阶段四个层面。周青、陈畴镛（2008）⑥对我国区域技术创新生态系统进行适宜度分析。苗红、黄鲁成（2008）⑦采用模糊综合评价法对区域技术创新生态系统健康水平进行了评价。罗亚非、郭春燕（2009）⑧采用稳健主成分分析对区域技术创新生态系统绩效进行评价。李敬锁等（2013）⑨从科技投入、产出、转化，以及科技进步的经济、社会和生态效应角度构建评价指标体系，对我国农村科技进步进行评价，得出2001—2010年间我国农村科技进步主要在于科技投入、产出和转化等指标的快速提升。

## （二）关于创新体系效率或适宜度评价的研究

罗亚非（2009）⑩采用DEA方法对区域技术创新生态系统进行了效

① 曹琼，李成标.基于熵权TOPSIS法的农业科技创新能力评价——以湖北省为例［J］.南方农业学报，2013，44（10）：1751-1756.

② 李奎，陈丽佳，杜丹.县域科技进步监测评价研究——以广东各县（市）为例［J］.科技进步与对策，2011，28（9）：120-125.

③ 马利华，颜会哲，颜平建.县域农业科技创新能力指数测评研究［J］.安徽农业科学，2011，39（26）：16305-16307.

④ 林伯德.农业科技创新能力评价的理论模型探讨［J］.福建农林大学学报（哲学社会科学版），2010，13（3）：54-59.

⑤ 吴金希.创新生态体系的内涵、特征及其含义［J］.科学学研究，2014，32（1）：44-51.

⑥ 周青，陈畴镛.区域技术创新生态系统适宜度的实证研究［J］.科学学研究，2008，26（1）：242-246.

⑦ 苗红，黄鲁成.区域技术创新生态系统健康评价研究［J］.科技进步与对策，2008，25（8）：146-149.

⑧ 罗亚非，郭春燕.稳健主成分分析在区域技术创新生态系统绩效评价中的应用［J］.统计与信息论坛，2009，24（5）：36-41.

⑨ 李敬锁，袁学国，牟少岩，郑纪业.农村科技进步评价指标体系研究［J］.中国科技论坛，2013（8）：123-127.

⑩ 罗亚非.区域技术创新生态系统绩效评价研究［M］.经济科学出版社，2010.

率评价研究。彭莹莹（2011）[①] 从研发、专利、技术标准三个层面对区域创新生态系统技术创新的耦合度进行评价，并分析区域技术创新耦合度与区域技术进步速度之间的关系。刘洪久、胡彦蓉、马卫民（2013）[②] 通过生态位适宜度模型对苏州地区的创新生态系统进行评价，并分析了区域创新生态系统适宜度与经济发展的关系。陆燕春、赵红、吴晨曦（2016）[③] 基于新创新范式，采用熵值法，对我国 31 个省市的区域创新生态系统的发展水平进行衡量。陆燕春、梁苏丹、赵红（2017）[④] 对区域创新生态系统的技术吸纳效率进行测度。对我国某个特定地区的创新生态系统进行评价，如苌千里（2012）[⑤] 对河南省的创新生态系统适宜度进行研究，用生态位的理论对区域创新生态系统进行适宜度评价。

唐琼雅（2013）[⑥] 采用灰色关联度分析法分析各驱动力对受资源限制的欠发达区域的技术创新生态系统动力演化的影响程度。韦铁、罗秋月、何明（2015）[⑦] 构建了资源约束下区域技术创新生态系统理论模型，以广西北部湾为例对区域创新生态系统的健康发展产生的影响进行了研究。万立军、罗廷、于天军（2016）[⑧] 采用网络层次分析法对黑龙江省 8 个资源型城市的技术创新生态系统进行了研究。张仁开（2016）[⑨] 对上海地区的创新生态系统进行了评价。

上述评价研究包含了农业科技创新或区域创新能力评价、系统的适宜度评价、发展水平评价、创新效率评价等多个内容，使用了（网络）层次分析法、熵值法、数据包络分析法、模糊评价法等多种方法，构建了一系列评价指标体系。

---

①　彭莹莹. 区域创新生态系统技术创新耦合度评价及实证研究 [D]. 长沙：湖南大学，2011.

②　刘洪久，胡彦蓉，马卫民. 区域创新生态系统适宜度与经济发展的关系研究 [C] //中國管理科学学术年会. 2013.

③　陆燕春，赵红，吴晨曦. 创新范式变革下区域创新生态系统影响因素研究 [J]. 企业经济，2016（3）：168 - 173.

④　陆燕春，梁苏丹，赵红. 基于生态系统的区域技术吸纳效率研究 [J]. 财会通讯，2017（05）：33 - 37.

⑤　苌千里. 河南省区域创新生态系统适宜度研究 [D]. 郑州：河南大学，2012.

⑥　唐琼雅. 资源约束区域技术创新生态系统演化动力研究 [D]. 南宁：广西大学，2013.

⑦　韦铁，罗秋月，何明. 资源约束下区域技术创新生态系统演化影响因素研究——以广西北部湾经济区为例 [J]. 改革与战略，2015（12）：94 - 99.

⑧　万立军，罗廷，于天军，等. 资源型城市技术创新生态系统评价研究 [J]. 科学管理研究，2016（3）：72 - 75.

⑨　张仁开. 上海创新生态系统演化研究 [D]. 上海：华东师范大学，2016.

## 二、乡村创新体系的评价指标

通过对部分学者在区域创新生态系统的评价指标进行整理，可以发现，创新能力评价指标主要围绕创新主体（创新群落），创新环境，创新资源、创新与环境的协调性等几个方面，见表6-1。

**表6-1 创新能力评价的指标体系**

| 评价方面 | 主要含义 | 涉及二级指标 |
| --- | --- | --- |
| 创新主体（创新群落） | 政府、企业、高校、科研机构的创新投入 | 创新主体的研发投入经费强度与人员强度 |
| 创新环境（创新条件） | 创新的经济、技术、文化等角度选取指标 | 经济环境和基础设施等外部创新环境指标，如地区生产总值、居民可支配收入等 |
| 区域创新成果 | 创新产出 | 如专利数、论文、专著等 |
| 创新系统协调性 | 社会环境、自然环境等因素考虑进来，进行一个综合的健康度评价 | 人均公共绿地面积、环境污染治理指数 |

## 三、评价方法

### （一）综合得分法

综合得分法是将被评价对象各项标识或指标分别按一定标准给出分值，然后采用一定的统计分析手段将这些标识或指标加以综合，得出被评价对象的综合得分的评价方法。综合得分法主要适合于对区域创新系统政策进行评价，综合得分的计算方法常用总计法和加权平均法，其中，加权平均法适用于作横向的空间对比，而各项标识指标的得分实际上是该项指标的权重，反映出每项指标不同的重要性及影响力。利用综合得分法对区域创新系统政策进行评价的主要包括对政策力度、政策目标及政策措施等政策要素的评价。

### （二）数据包络分析法

数据包络分析方法（DEA）是由著名运筹学家 A. Charnes、W. W. Cooper 和 E. Rhodes 等学者于 1978 年在"相对效率评价"概念基础上提出的，它主要采用数学规划方法，评价具有相同类型的多投入、多产出的决策单元的相对有效性，即每一决策单元在投入了一定的资源要素后，经过经济过程，是否在规模和技术两方面都达到了最佳产出水平。DEA 有效的经济含义为：某个决策单元达到了 DEA 有效，就意味着其现有投入规模已使各种产出水平最大化了，该决策单元不可能在不减少一种产出的条件下试图增加另一种产出；或者说，为维护现有的产出水平，决策单元不能减少任何一种要素投入。

实际应用中，数据包络分析优点在于：一是不必对各变量之间的函数关系作精确描述。二是 DEA 模型不受数据量纲影响，各输入、输出的权重是从最有利于被评价决策单元的角度进行决定的，因而能较好地排除主观因素的干扰。因此，只要选取足够多的样本指标（这些指标必须是非负、非相关的），其分析结果就有很强的客观性。

### （三）层次分析法

层次分析法（Analytic Hierarchy Process，简称 AHP）是将一个复杂的多目标决策问题作为一个系统，并将这一复杂系统分解成目标、准则、方案等层次，在此基础上通过定性指标模糊量化方法计算出层次权数和总排序，从而达到对复杂系统进行评价目的的一种层次权重决策分析方法。层次分析法最早由美国运筹学家匹茨堡大学教授萨蒂于 20 世纪 70 年代初提出。该分析法将许多定性问题通过层次化转化为定量计算问题，使其在许多领域得到广泛应用。该方法可用于区域自主创新能力评价。

# 第二节　乡村创新体系建设中政府行为评价

政府介入乡村创新体系建设的方式主要包括直接干预与间接干预。直接干预主要是直接开展科技投入、直接举办乡村创新活动等；间接干预主要通过制定政策法规来促进其他创新主体的创新积极性达到体系建设的目的。随着市场机制的越来越完善，政府越来越多地采用间接手段来干预乡村创新体系的建设。在此情况下，乡村创新政策应运而生，并且发挥着越来越重要的作用。乡村创新政策是地方政府作用于创新体系的最常用工具。

## 一、乡村创新体系政策

乡村创新政策是指地方政府为了在乡村区域内营造创新环境，促进创新活动开展，引导和规范创新主体行为而制定并实施的各种条例、办法、意见、规定、通知及其他政策性文件的总称，涉及产业、财政、税收、人才、金融等各个方面的政策。

乡村创新政策目标包括：①促进创新成果的产生与扩散；②促进创新队伍发展；③促进科技创新成果产业化；④促进创新环境优化。

乡村创新政策无外乎直接鼓励政策和间接支持政策两个方面。直接鼓励政策就是通过经济手段对区域创新行为进行物质鼓励，主要是通过产业、财政、金融等政策手段来进行；间接支持手段则是通过区域创新环境的建设来提高区域创新能力[①]，包括创新基础设施建设、人才、中介服务体系、知识产权保护等方面。

产业政策主要是政府通过制定科技产业发展政策来实现农业农村高新技术成果的产业化转化。产业政策是一项综合性政策，包括通过对符合国家或区域发展主导方向的高新技术产业进行财政、税收方面的支持措施。

财税政策包括税收与支出两个方面。财政投入政策主要表现为政府财政对创新活动、创新成果转化等方面的行政投入，一般通过各级政府预算安排科技经费支出；税收政策一般表现为政府对创新活动采取的各种减免税的优惠政策。

金融政策是政府对乡村创新活动进行直接支持的又一政策。主要包括融资政策和风险分担政策。融资政策主要解决创新活动行为主体创新活动资金短缺问题。中小企业虽然是创新活动的中坚力量，但由于实力弱小，抵御风险（技术风险、市场风险、管理风险和财务风险等）能力弱，加上在创建阶段往往存在内部管理水平不高、没有赢利记录、信用等级较低等问题，无法满足商业银行贷款的标准，更无法通过股市来进行直接融资。通过金融政策，鼓励金融机构贷款向企业创新活动倾斜。

风险分担政策主要解决创新活动中的风险分担问题。主要是鼓励风险投资，建立风险投资主体与企业和创新行为主体风险分担机制，如对创新项目的商业贷款进行担保，建立再担保机制等。

基础设施供给政策主要表现为完善基础设施，特别是信息基础设施建设，以适应知识经济和以信息化带动工业化发展战略的要求。

创新人才政策是人才在生活环境、配偶随迁、子女入学、创新创业奖励等方面给予一定的政策支持。地方政府往往制定优厚的人才政策吸引人才集聚。

中介服务体系政策旨在建设和完善乡村创新中介服务体系，建设和完

---

① 陈林生. 区域创新政策的提出及理念体系探讨［J］. 国际商务研究，2008：2.

善科研服务、人力资源、科技创业投资、信息、知识产权等公共服务平台。实践中，中介服务体系政策一般与鼓励社会投资的金融、财税等政策配合使用。

知识产权政策旨在保护知识产权人的合法权益，鼓励自主创新。知识产权保护涉及知识产权教育和宣传、打击不法侵权行为、维护公平竞争的市场秩序等多个方面。知识产权激励政策主要是对知识产权开发人的持股比例的界定。特别是在政府资助的研发项目中，知识产权的归属以及开发人所占比例将对知识产权开发激励作用巨大。

创新政策作用机理包括政府对乡村创新体系的"灯塔式干预""桥梁式干预""激励式干预""奠基式干预"等。

### （一）科技产业政策：灯塔式干预

迈克尔·波特将新兴产业定义为新建立的或者重塑的产业，出现原因包括科技创新、相对成本结构改变、新的顾客需求，以及因为经济与社会的改变使得某项新产品或服务具有开创新事业的机会。农业高新技术产业更加强调农业高新技术对其他产业的带动作用，以及对增长方式改变的先导作用。

农业高新技术产业的特点决定了一般企业不愿意对该类产业进行投资，或者没有能力对此进行投资，产业发展中单纯依靠市场力量往往很难使得产业得以快速发展。政府的干预、引导、支持是促进高新技术产业快速发展的一个重要因素，也是促进乡村创新体系建设和完善的重要组成部分。

将政府干预农业高新技术产业政策喻为"灯塔式"，主要是基于高新技术产业对技术与市场相互结合的良好结果，政府产业政策实际上是点亮灯塔的火花，不仅是对市场需求的积极响应，更是对科学技术创新成果转化应用的有效推动。高新技术产业政策有助于农业新技术新产业的快速形成，有助于创新体系的构成要素发挥出更好作用，从而优化创新体系，见图6-1。

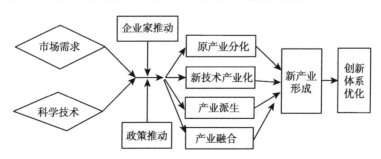

图6-1　创新政策推动新型产业形成与创新体系优化

## （二）中小企业融资政策：桥梁式干预

乡村创新体系的建设需要大量充满活力的科技中小企业。为此，政府通过制定科技中小企业融资政策有助于解决这一问题。

不同主体在技术创新过程的不同环节所发挥的作用不同。一般说来，政府在技术发展的早期阶段，如基础研究阶段或应用研究阶段，对技术创新的资金支持较大，此时政府往往采用直接干预的支持方式，如设立中小企业投资基金等；商业资本与银行资本一般在此阶段较少投资。在技术开发与示范阶段，天使投资介入；政府资金投入减少，银行与风险投资较少进入。在产品商业化阶段，风险投资开始大量进入，政府投入较少；天使投资受投资量的约束也比较少。在市场进入与市场容量阶段，银行资本开始大量进入，产业资本大量投资，如图6-2所示。

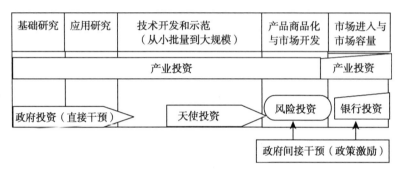

图6-2 技术创新投资与政府干预

政府金融政策的作用主要是鼓励风险投资和金融机构加大对农业科技创新体系建设的支持。如OECD（1997）与Aernoudt（1999）都强调了政府支持对风险投资与银行业增加科技创新投资的激励作用。我国中关村、东湖等高新区也通过制定中小企业融资政策促进广大科技中小企业蓬勃发展。

科技中小企业融资政策之所以被称为"桥梁式"干预主要是从科技中小企业在技术创新中的作用以及资金对科技中小企业的关键制约这一角度上说的。科技中小企业是将技术转化为产品商品进而带动产业发展的主要力量，而科技中小企业发展面临的主要制约就是资金约束，政府如果能够"搭桥"，让科技中小企业与风险资金或银行资金实现对接，将极大地促进创新产品的出现，因而也将大大促进创新体系的建设与发展。

### （三）科技创新人才政策：奠基式干预

乡村创新能力提升的最终取决于创新人才的数量与素质。拥有大量高素质的创新人才是一个区域提升创新能力、构建创新体系的坚实基础。而创新人才的教育与培养不仅需要大学、科研院所、创新型企业等各种创新主体的大量投资，而且需要政府搭建一个良好的平台。只有搭建一个良好的人才平台，才能不断吸引更多更优秀的创新人才前来乡村成长发展。政府是人才平台搭建的主要推动者，这一作用主要体现在三个方面：一是对教育和科技人力资源的持续投入；二是对创新创业人才的大力培养；三是对高层次创新创业人才的引进使用。而这三个方面能否真正发挥作用，将主要看乡村科技创新人才政策，如图6-3所示。

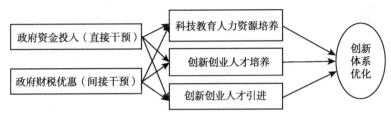

图6-3 区域创新人才开发与政府政策作用

科技创新人才政策的奠基作用，主要是基于创新人才对乡村创新体系建设以及创新能力提升的主要作用而言的。引进人才、留住人才，使人才发挥最大作用应该是乡村创新人才政策的目标，政府出台政策干预创新人才培养实际上就是抓住了乡村创新体系建设的根基。

应该说明的是，无论是产业政策，还是融资政策与人才政策，其政策内容大多涉及财政或税收支持。因而，财政税收政策是政府鼓励企业研发和创新经常采用的工具手段。

## 二、乡村创新政策评价

### （一）政策评价概念

乡村创新政策评价是政策评价的一种。依据评价的对象、主体、目的等标准，乡村创新政策评价有不同的类型。从评价对象上看，既可以是对一项既定的创新政策进行评价，也可以是对众多创新政策进行评价；从评价主体看，既可以是内部的自身评价、还可以是外部的政府机构评价、社会机构评价等；从评价活动发生在政策过程的阶段看，包括事前评价、执行评价和事后评价等；从评价组织活动形式上看，主要包括正式评价和非正式评价；从评价目的上看，包括效果评价、过程监督评价等。从政策本身构成来看，包括政策方案评价、政策过程评价、政策效果评价和政策误差评价。其中，政策方案评价是对各种备选方案进行分析、比较和权衡，以便从众多方案中择优；政策过程评价是指对政策实施的全过程而不是某个阶段进行评价；政策效果评价是评价政策达到目的的效果状况；政策误差评价主要是发现并修正政策的误差。

对乡村创新体系建设而言，创新政策评价实际上侧重的是政策结果的评价。对结果评价可能是一种静态分析，为了达到过程监督，需要对政策执行过程进行评价监督。尽管过程评价有助于及时发现执行中存在的问题及偏差并及时修正，是动态的更符合区域创新的实际，但是这往往是针对某一项重大政策进行的。本书界定乡村创新政策评价，就是依据一定的标准和程序，通过建立评价指标体系，在考察乡村创新政策的各个阶段和环节的基础上，对其效果进行分析和判断，以评价政策目标的实现程度。

对乡村创新政策进行评价，可以为政府及有关执行部门或单位提供关于创新政策结果及其与相关变量之间的因果关系等方面的大量信息，并为政府改进政策方案（如果必要的话），适时准确地重新调整资源配置，修改工作程序或工作方法，甚至为终止某项失败政策提供依据。

### （二）评价主体

一般地，为了最大限度地保证区域创新政策评价的客观性、公正性和有效性，可选择区域创新政策的制定者（或执行者）、政策对象及独立的第三方专业评价机构，并采取针对性的措施以避免他们各自因价值观不同而可能产生的缺陷。

政府有关部门。政府有关部门是乡村创新政策的制定者和执行者。他们作为乡村创新政策评价主体的优势在于：他们是乡村创新政策的直接制定者和执行者，熟悉制定乡村创新政策的背景、意义、执行的难点及可能面临的问题，并能获得有关乡村创新政策效果的第一手材料。但其缺点也是显而易见的：首先，政府有关部门作为乡村创新政策制定者和执行者，自己置身于政策活动之中，难以跳出政策过程之外客观、全面地观察问题；其次，由于受到部门利益、上级行政部门压力及同僚说词的掣肘，他们中参与评价活动的人员其价值观念和思维方式不可避免地会对评价活动产生导向性的影响；最后，乡村创新政策评价工作专业性和技术性要求很高，政策制定者和执行者往往缺乏这方面的专业训练而难以胜任。这些固有缺陷会直接影响到政府有关部门的政策评价质量。

乡村创新政策对象。这里所言的政策对象是指乡村创新政策客体中人的方面，即乡村创新政策作用的目标群体，如乡村创新政策涉及的企业、地区、科研机构、高等院校等单位成员。他们作为乡村创新政策评价主体的优点在于：首先，作为乡村创新政策对象，他们对有关创新政策有亲身感受，对创新政策的成败得失有切身的体会；其次，由于他们处于乡村创新活动实践第一线，既是乡村创新政策的受体，又可能是政策活动的主体，这使他们能方便地获得政策评价所需的大量信息。当然，他们作为政策评价主体也有其不足之处：在由乡村创新政策引起的利益再分配过程中，他们一部分人会成为相关政策的受益者，而另一部分则沦为相关政策的受损者，他们难免都会从各自的利益出发对乡村创新政策进行价值判断。政策受益者会在评价中尽可能掩盖政策效果的阴暗面；而政策受损者则可能夸大政策的缺陷，甚至全面否定政策。

独立的专业评价机构。所谓独立的专业评价机构，是指乡村创新政策制定者、执行者及政策目标群体之外的第三方，如具备专业评价资质或能力的科研院所、咨询公司等。独立的专业评价机构作为乡村创新政策评价主体的优势突出表现在两个方面：一是政策利益的非相关性。他们既不会直接从既定的乡村创新政策中获益，也不会因某项乡村创新政策的实施而受损，因而能独立地开展政策评价工作，极大地保证了评价工作的公正性；二是评价工作的专业性。这些机构的人员训练有素，具备专门理论、知识与技术，这就保证了乡村创新政策评价结果的质量。然而，独立的专业评价机构若作为受托者承接政府相关部门的政策评价任务，也会因为出于长久合作关系及持续获得经费支持的考虑而失去评价工作的独立性，对既定的乡村创新政策做出有利于政府的评价，从而影响政策评估的质量。

因此，如何选择评价主体，以使乡村创新政策评价过程科学、客观、公正，就成为必须引起政府高度重视的一个重要问题。

## （三）乡村创新政策评价标准

公共政策理论认为，"政策评价既是一个事实判断过程，也是一个价值判断过程，但价值判断须以事实判断为基础"（宁骚，2000）。显然，乡村创新政策评价的标准也是双重的，即：价值标准和事实标准。

乡村创新政策评价的事实标准。事实标准通常用统计数据来表达，以评判乡村创新政策在事实上都产生了哪些效果或影响。乡村创新政策评价的事实标准通常有：政策效率、政策效能、政策效益等。

一是效率标准。政策效率是指实施一项乡村创新政策的总投入与该项政策产出之间的比例关系，即成本—收益分析。其中，政策成本主要包括：政府有关部门为制定和执行乡村创新政策所投入的人力、物力和财力；受乡村创新政策影响的目标群体的各种投入和消耗；实施乡村创新政策对自然环境和社会环境造成的负面影响等。政策收益则是指乡村创新政策各方所获得的政策给他们带来的正向收益及政策对自然环境与社会环境带来的正面影响。按照效率标准，乡村创新政策的制定与实施，必须尽可能做到以最小的政策投入获取最大的政策产出。

二是效能标准。政策效能指一项乡村创新政策以既定的政策成本所能达到的预期结果或影响的程度，或为实现既定的政策目标所做出的政策成本，即政策的成本—效能（cost‐effectiveness）分析，它强调的是"相同单位成本所达成的政策目标"，或"相同政策目标所付出的单位成本"①。因此，效能标准非常适合对有关乡村创新政策进行不同地区的对比评价。

三是效益标准。乡村创新政策效益常被用来考察一项乡村创新政策目标的实现程度，该标准着重突出乡村创新政策投入之后所取得的实际结果与理想结果的对比分析。应用效益标准时要注意几个问题：一是要预先设定明确、具体的目标。没有目标效益分析就失去了对比的参照；二是要分析乡村创新政策目标实现的充分性，尤其要分析乡村创新政策满足政府对知识创新、技术创新、知识与技术传播等方面数量及质量要求的程度，以及满足区域内各类经济组织生产经营所需要的上述知识、技术的程度；三是要分析乡村创新政策成果对区域内社会事业发展带来的总体影响，即社会福利的提升或损失程度。

乡村创新政策评价的价值标准包括：

一是乡村生产力发展。乡村创新政策必须能满足区域内广大社会成员的经济利益。一项乡村创新政策只有做到不断促进地区技术创新和技术进步，使产业结构向合理化和高度化方面发展并最终实现区域内产业结构的升级换代，提高居民收入水平，促进本地区的经济发展，提升地区综合经济实力，才能体现出其持续长久的生命力，也才能得到区域内社会公众的广泛支持。

二是乡村社会发展。乡村社会健康发展是一个地区社会公众的整体利益和长远利益所在，一项乡村创新政策的实施必须要在推动乡村社会健康发展方面起到积极作用，尤其是促进就业、提高社会成员社会保障水平、提升社会成员科技文化素质以及乡村经济与环境、资源、社会协调发展等

---

① 张国庆．现代公共政策导论［M］．北京：北京大学出版社，1997：193．

社会目标，不能有丝毫偏离。

三是乡村社会公正。乡村创新政策的实施，改变了乡村目标群体的利益分配格局，乡村社会公正就应成为乡村创新政策评价的重要价值标准。对一项乡村创新政策的评价，既要分析其出台与实施成本分摊的合理性与公正性，还要考察其效益惠及面的广泛性与公平性。促进区域社会公平公正的区域创新政策对避免诱发社会矛盾，维护区域社会协调稳定起着十分重要的作用。

在实践中，应将事实标准和价值标准结合使用，并在每种标准内部，将彼此具有内在联系的若干具体标准组合成一个逻辑严密的整体使用，以便更好地对一项乡村创新政策进行全面评价。

## 三、乡村创新政策评价方法

评价方法是乡村创新政策评价赖以实现的手段，它在某种程度上决定着乡村创新政策评价的成败。

### (一)"始—终"对比法

"始—终"对比分析是将一项乡村创新政策执行前和执行后的各种指标进行对比，并观察各指标值的变化情况以确定该项乡村创新政策效果的方法。所谓"始"和"终"，是为便于政策评价而选取的两个考察时间点。"始 终"对比分析法又可细分为"前—后"对比法、趋势剔除法和"控制对象—实验对象"对比法。

"前—后"对比法是典型的"始—终"对比法，它是通过选取若干个观测指标以组成乡村创新政策评价体系，并通过观察各指标在乡村创新政策执行前后的变化来对创新政策进行定量分析评价的一种方法。

"前—中"对比法也是一种典型的"始—终"对比法。按评价发生在乡村创新政策执行的不同时期，乡村创新政策评价可分为事前评价、事中评价和事后评价。"前—中"对比法无疑是乡村创新政策事中评价最为合适的方法。所谓"前—中"对比，是指在乡村创新政策实施过程中的某一时间节点上，将乡村创新政策执行一定时期后的情况与执行前的情况进行比较的一种评价方法。将评价时点选择在区域创新政策执行过程中，是该评价方法与"前—后"对比法等评价方法的最大不同。由于乡村创新政策效力是有规律的，以政策的正效力为例，乡村创新政策效力一般表现为政策低效期、政策效力递增期、政策效力高效期和政策效力递减期的周期性动力规律，因此，适时进行事中评价就显得尤为重要，"前—中"对比法也就在事中评价中显示出其优越性。至于该方法的具体操作方法,前述"始—终"对比法中的各种具体方法也都适用。

## (二)空间对比法

空间对比法是借鉴社会实验对比实验组与对照组的做法,将实施乡村创新政策的区域作为"实验组",未实施乡村创新政策的区域作为"对照组",并比较它们就同一指标的数值表现进行对比,从而达到乡村创新政策的评价结论。空间对比法是实用性很强的政策评价方法,尤其适合对某项乡村创新政策试点后的政策效果的评价。出于慎重考虑,政府在一项重大政策出台后,一般在正式推广前都要先试点,这时,试点区域就自然地成为区域创新政策评价的"实验组",而其他未实施乡村创新政策的区域中各项条件基本与试点区相当的子区域就可作为"对照组",这样,就非常易于对这两种不同的区域进行空间对比,进而得出乡村创新政策的评价结果。改革开放以来,我国许多试点政策的评估都采用了这种方法。

乡村创新政策是由众多不同层次政策组成的一个政策体系,而每项政策的力度、目标、政策措施各不相同,从而构成一个乡村创新政策系统,可采用综合得分法、数据包络分析、层次分析等定量方法进行评价。这一部分就方法的原理而言与创新体系的评价方法一致,这里不再赘述。

# 第七章　河南省乡村创新体系
## 建设现状分析

河南省位于我国中东部，与河北、山西、陕西、湖北、安徽、山东等省接壤，是一个典型的内陆省份。河南地理位置优越，是全国重要的交通枢纽与物流集散中心。现全省总面积 16.7 万平方千米，辖郑州、开封、洛阳、平顶山、安阳、鹤壁、新乡、焦作、濮阳、许昌、漯河、三门峡、南阳、商丘、信阳、周口、驻马店、济源 18 个省辖市；2019 年底总人口 10 952 万人，常住人口 9 640 万人，其中居住在乡村的人口 4 511 万人；2019 年实现生产总值 54 259 亿元，居全国第 5 位；三次产业结构比为 8.5：43.5：48，城镇居民人均可支配收入 34 200 元，农民人均纯收入 15 163元，全省地方财政总收入 6 187 亿元。*

近年来，河南以推动农业科技创新体系、科技成果转化体系、科技成果应用体系建设等为抓手，不断加大乡村创新体系建设力度，取得了一些显著的成绩。

## 第一节　农业科技创新体系建设状况

近年来，河南省不断加大农业科技投入、加强科技平台建设，取得了一些突出的科技成果，有力地推进了农业科技创新体系建设。

### 一、农业科技创新水平不断提高

农业科技创新投入不断增强。农业科技创新离不开创新的资金与人员投入，河南省科研人员数量不断上升，研究与开发活动人员从 2011 年的 11.8 万人上升至 2018 年的 25.6 万人，提升了 224%；如果按照其中 10% 的研发人员为农业相关科技研发人员计算，农业科技研发队伍也已经达到 2.6 万人。研究与开发经费由 2011 年的 264 亿元提升至 2018 年的

---

* 除另有说明外，本章数据源于《河南统计年鉴》《河南科技统计年鉴》，河南省农科院年度工作总结，河南省科技厅年度工作总结等。

671亿元，提升了253％，如果按照其中10％的投入额流入农业领域，2018年农业研究与开发经费达到67亿元。另外，科研投入强度不断上升，自2011年从0.98上升至2018年的1.40。

在科研投入持续增加的同时，科研创新成果也不断增加，科研专利获取从2011年的19 259件，上升至2018年的82 381件，增加幅度为427％，超过了科研投入的增加幅度。另外市场技术合同转让数量从2011年的5 010件，上升至2018年的7 289件，合同金额从27亿元，上升至2018年的149亿元，增幅为548％。而农业方面的专利数量从2011年的43件上升至2018年的196件，增幅为455％。因此，可以看出河南省随着科研投入的不断提升，科研产出以及农业科研产出整体水平快速提升。

## 二、农业科技创新平台建设良好

2018年，由河南省农科院牵头组建的国家生物育种产业创新中心被国家发展改革委员会批复成立。这是2018年度批复建设的首批三个国家产业创新中心之一，也是农业领域唯一的国家级产业创新中心。现阶段，河南省已有河南农业大学省部共建小麦玉米作物学、河南天冠公司车用生物燃料技术、中棉所棉花生物学等3家国家级重点实验室；建设了河南农业大学小麦、普莱柯公司兽用药品、国家粮食加工装备等3家国家工程技术研究中心。组建了小麦、小麦加工、速冻面米及调制食品、稻米精深加工等4个国家产业技术创新战略联盟；获批6家国家级国际联合研究中心；建设杂交小麦、玉米生物学、水稻生物学、油料作物遗传改良、肉制品加工与质量安全控制等省级重点实验室47家。建设了农业领域省级工程技术研究中心410家、省级国际联合实验室39家。建设了许昌鼎优、洛阳乐活、周口天豫等73家国家星创天地，162家省级星创天地。"乐活星创天地"依托自主研发的自主研发数字化种植管理体系，把农业技术变成了960项动作，全程1 583项数据监控，突破了种植技术需要常年累月经验沉淀的瓶颈，让农业可以零经验进行高品质农产品种植，让农业科技变得容易流通，在洛阳、南阳、焦作、吉林、海南等多地推广应用，带动1 500余名农民创业就业，累计培训职业农民5万余人次，孵化创客、企业69个，113户贫困农民通过创新创业平台实现脱贫，实现经济效益1.25亿元。先后受到时任国务院副总理河南省省长等领导的充分肯定。

## 三、农业科技创新合作交流不断提升

河南省农科系统通过项目合作、学术交流、签订协议、互派访问学者等方式，不断加强对外科技合作与交流，并取得了实质进展。河南省农科院积极落实国家"一带一路"倡议和"农业走出去"战略，先后在吉尔吉斯斯坦、哈萨克斯坦、乌兹别克斯坦等国家开展了小麦、玉米、棉花等农作物品种的试验示范工作，增产效果显著；在苏丹建立了国际芝麻科研与生产基地；牵头承担的国家援外项目"中国——乌兹别克斯坦农业产业园"可行性研究正在积极向前推进；与荷兰瓦赫宁根大学签订了全面战略合作协议；河南农业大学长垣分院、郸城分院揭牌，西峡分院设立，协同发展水平得到持续提升。安阳院、漯河院、开封院等地市院分别与英国赫瑞瓦特大学、中国农科院、中国农业大学等国内外科研机构开展了深层次、高质量的科技合作，强化了项目精准对接，有效推动了更多农业科技成果在河南省落地生根、开花结果。河南农业大学立足河南，面向全球，以开放包容的姿态与国际知名高校、科研院所和企业进行合作、协同攻关、互学互鉴。先后获批组建了国家动物免疫学国际联合研究中心等一批国际合作平台，多项国家自然科学基金国际合作重点项目等国际合作项目顺利实施，中国科学院院士黄路生教授等一批国内外知名专家加盟河南生猪产业科研。

## 四、科技人才队伍建设取得成效

首先，农业科技领军人才队伍不断壮大。现阶段，河南省现有农业领域中国工程院院士 3 人、国家杰出青年 3 人、长江学者 2 人、中原学者 23 人、省杰出人才 60 人、省杰出青年 93 人，省科技创新团队 148 个，农业科技人才队伍不断壮大。涌现出了张改平、张新友、喻树迅、许为钢、茹振钢、程相文、康相涛、汤继华、田克恭等一批国内知名专家，同时还有郑天存、沈天民、刘少林等一批农民科学家。

其次，农业科研队伍规模增大。现阶段科研人员中，按照农业科研人才占全部科研人员 10% 的比例计算，2018 年，河南省农业科研人才数量达到 2.56 万人，比 2016 年增加了 700 多人。其中，具备博士学历的超过 1 200 人，相比 2016 年上升了 36%；硕士学历人员 3 420 人，相比 2016 年上升了 17%；另外全职全时科研人员从 2016 年的 1 490 人提升至 2018 年的 1 660 人，科研人员的全时率有了较大提升。

# 第二节　农业科技成果转化体系建设状况

农业科技园区是农村农业技术孵化转化、展示示范的重要载体。园区建设状况集中体现了乡村科技成果转化体系建设的基本情况。

## 一、国家级农业科技园区建设成绩显著

河南省目前共有许昌、郑州、漯河、南阳、濮阳、鹤壁、安阳、商丘、周口、新乡、焦作、兰考、驻马店、信阳国家级农业科技园区 14 家，园区数量居全国 31 个省（市、区）的前列。依托国家农业科技园区，各地市开展了卓有成效的农业科技创新活动，形成了一系列科技创新成果。

表 7-1　河南省国家级农业科技园区一览表

| 序号 | 园区 | 获批年份 | 主导产业 |
| --- | --- | --- | --- |
| 1 | 河南许昌国家农业科技园区 | 2001 | 综合农业 |
| 2 | 河南南阳国家农业科技园区 | 2010 | 蔬菜、林果、中药材 |
| 3 | 河南鹤壁国家农业科技园区 | 2013 | 粮食产业 |
| 4 | 河南濮阳国家农业科技园区 | 2013 | 设施果蔬、高端花卉、畜牧养殖等 |
| 5 | 河南郑州国家农业科技园区 | 2015 | 综合农业 |
| 6 | 河南新乡国家农业科技园区 | 2015 | 花木产业 |
| 7 | 河南兰考国家农业科技园区 | 2015 | 蔬菜 |
| 8 | 河南商丘国家农业科技园区 | 2015 | 酥梨 |
| 9 | 河南漯河国家农业科技园区 | 2015 | 农畜产品加工 |
| 10 | 河南焦作国家农业科技园区 | 2015 | 综合农业 |
| 11 | 河南安阳国家农业科技园区 | 2015 | 食品、医药 |
| 12 | 河南驻马店国家农业科技园区 | 2015 | 花生 |
| 13 | 河南周口国家农业科技园区 | 2015 | 农副食品精深加工 |
| 14 | 河南信阳国家农业科技园区 | 2018 | 茶叶 |

资料来源：根据网站公开信息总结。

截至 2019 年底，国家级农业科技园区内共有企业 12 336 家，上市企业 60 家，高新技术企业 355 家，农业科技型创新企业 96 家，建有星创天地 22 个，建有研发机构 33 家、院士工作站 25 家，技术交易机构 19 家；累计转化成果 944 个，累计引进农作物新品种 998 个，新技术 730 项，累计推广农作物新品种 1 582 个，新技术 1 681 项。

## 二、省级农业科技园区建设良好

河南省共有 31 个省级以上农业科技园区，目前这 31 个园区均已经形成自己的主导产业，在总产值、入驻企业数量和高新技术企业数量等方面取得一定的成绩（表 7-2）。

表7-2　河南省省级农业科技园区发展状况

| 园区 | 主管单位 | 获批年份 | 主导产业 | 园区当年政府投入（万元） | 园区当年社会投入（万元） | 园区当年总产值（万元） | 园区入驻企业数量（个） | 高新企业数量（个） | 上市企业数量（个） |
|---|---|---|---|---|---|---|---|---|---|
| 河南省农科院园区 | 省直 | 2011 | 综合农业 | | | 38 296 | 12 | 1 | 1 |
| 汝南园区 | 驻马店市 | 2011 | 蔬菜 | 530 | 1 600 | 78 000 | 15 | 1 | 0 |
| 社旗园区 | 南阳市 | 2011 | 蔬菜、林果、中药材 | 4 000 | 16 000 | 26 000 | 16 | 0 | 0 |
| 灵宝园区 | 三门峡市 | 2011 | 苹果、蔬菜 | 350 | 43 000 | 66 000 | 16 | 0 | 0 |
| 扶沟园区 | 周口市 | 2011 | 蔬菜产业 | 2 000 | 120 000 | 468 000 | 26 | 0 | 0 |
| 濮阳园区 | 濮阳市 | 2011 | 设施果蔬、高端花卉、养殖等 | 2 500 | 117 100 | 568 000 | 72 | 3 | 2 |
| 博爱园区 | 焦作市 | 2011 | 蔬菜 | 5 000 | 500 | 62 000 | 7 | 2 | 0 |
| 中牟园区 | 郑州市 | 2012 | 综合农业 | 42 600 | 0 | 106 089 | 16 | 9 | 0 |
| 鹤壁园区 | 鹤壁市 | 2012 | 粮食产业 | 15 300 | 109 570 | 68 300 | 68 | 5 | 0 |
| 洛宁园区 | 洛阳市 | 2012 | 综合农业 | 1 000 | 6 000 | 35 000 | 18 | 1 | 0 |
| 获嘉园区 | 新乡市 | 2012 | 花木产业 | 260 | 0 | 1 000 000 | 9 | 2 | 0 |
| 郸城园区 | 周口市 | 2013 | 农副精深加工 | 19 400 | 18 800 | 2 267 900 | 65 | 18 | 1 |
| 汤阴园区 | 安阳市 | 2013 | 食品、医药 | 3 948 | 0 | 1 042 900 | 196 | 10 | 0 |
| 新郑园区 | 郑州市 | 2013 | 红枣 | 2 400 | 62 100 | 91 778 | 20 | 1 | 1 |

（续）

| 园区 | 主管单位 | 获批年份 | 主导产业 | 园区当年政府投入（万元） | 园区当年社会投入（万元） | 园区当年总产值（万元） | 园区入驻企业数量（个） | 高新企业数量（个） | 上市企业数量（个） |
|---|---|---|---|---|---|---|---|---|---|
| 睢阳园区 | 商丘市 | 2013 | 食品加工 | 19 000 | 61 500 | 0 | 16 | 3 | 0 |
| 新乡园区 | 新乡市 | 2014 | 现代种业 | 3 000 | 14 000 | 1 892 767 | 15 | 2 | 2 |
| 兰考园区 | 兰考县 | 2014 | 综合农业 | 100 995.7 | 292 088.3 | 178 722 | 11 172 | 11 | 2 |
| 泌阳园区 | 驻马店市 | 2014 | 食用菌 | 62 | 5 000 | 120 000 | 30 | 4 | 0 |
| 宁陵园区 | 商丘市 | 2014 | 酥梨 | 150 | 24 989 | 162 795 | 13 | 0 | 0 |
| 通许园区 | 开封市 | 2014 | 粮果蔬菜休闲 | 2 400 | 3 600 | 638 000 | 32 | 1 | 1 |
| 西峡园区 | 南阳市 | 2014 | 猕猴桃 | 2 000 | 16 000 | 58 000 | 13 | 0 | 0 |
| 尉氏园区 | 开封市 | 2015 | 纺织服装、种植、养殖 | 2 229 | 33 116 | 360 000 | 55 | 8 | 3 |
| 孟津园区 | 洛阳市 | 2015 | 西瓜 | 6 755 | 10 132 | 10 600 | 39 | 0 | 0 |
| 新安园区 | 洛阳市 | 2015 | 果蔬苗木养殖 | 550 | 650 | 30 000 | 28 | 0 | 0 |
| 内黄园区 | 安阳市 | 2015. | 农产品物流 | 0 | 0 | 6 700 | 7 | 6 | 0 |
| 延津园区 | 新乡市 | 2015 | 农产品深加工 | 41 000 | 20 000 | 230 000 | 48 | 0 | 2 |
| 方城园区 | 南阳市 | 2015 | 粮食蔬菜烟叶 | 800 | 1 000 | 9 000 | 16 | 1 | 0 |
| 正阳园区 | 驻马店市 | 2015 | 花生 | 5 100 | 207 300 | 110 000 | 155 | 125 | 1 |

（续）

| 园区 | 研发机构数量（个） | 研发人员数量（个） | 院士专家工作站数（个） | 省级以上科技企业孵化器数量（个） | 省级以上众创空间数量（个） | 省级以上星创天地数量（个） | 科技特派员人数（人） | 园区累计引进技术、品种数（个） | 园区累计推广技术、品种数（个） | 园区内就业人数（个） |
|---|---|---|---|---|---|---|---|---|---|---|
| 河南省农科院园区 | 14 | 852 | 1 | 0 | 0 | 2 | 3 | 9 | 20 | 2 000 |
| 汝南园区 | 1 | 9 | 1 | 0 | 0 | 1 | 9 | 56 | 18 | 3 550 |
| 杜康园区 | 7 | 45 | 1 | 0 | 0 | 1 | 36 | 180 | 150 | 2 000 |
| 灵宝园区 | 6 | 315 | 1 | 0 | 0 | 1 | 1 | 145 | 51 | 2 600 |
| 扶沟园区 | 8 | 232 | 0 | 0 | 0 | 0 | 24 | 2 600 | 366 | 126 300 |
| 濮阳园区 | 11 | 178 | 1 | 0 | 1 | 7 | 26 | 286 | 240 | 8 280 |
| 博爱园区 | 1 | 9 | 0 | 0 | 0 | 0 | 6 | 8 100 | 8 100 | 22 000 |
| 中牟园区 | 1 | 86 | 1 | 1 | 1 | 2 | 10 | 9 | 10 | 100 000 |
| 鹤壁园区 | 9 | 116 | 2 | 1 | 3 | 3 | 60 | 160 | 4 | 23 000 |
| 洛宁园区 | 6 | 35 | 0 | 0 | 0 | 1 | 12 | 19 | 13 | 3 100 |
| 扶嘉园区 | 1 | 3 | 0 | 0 | 0 | 1 | 2 | 17 | 2 | 5 000 |
| 郸城园区 | 38 | 3 260 | 2 | 1 | 1 | 1 | 140 | 50 | 38 | 35 000 |
| 汤阴园区 | 45 | 720 | 0 | 1 | 0 | 1 | 15 | 81 | 75 | 14 779 |
| 新郑园区 | 4 | 184 | 0 | 0 | 0 | 0 | 15 | 0 | 6 | 4 356 |

（续）

| 园区 | 研发机构数量（个） | 研发人员数量（个） | 院士专家工作站数（个） | 省级以上科技企业孵化器数量（个） | 省级以上众创空间数量（个） | 省级以上星创天地数量（个） | 科技特派员人数（人） | 园区累计引进技术、品种数（个） | 园区累计推广技术、品种数（个） | 园区内就业人数（个） |
|---|---|---|---|---|---|---|---|---|---|---|
| 睢阳园区 | 1 | 59 | 0 | 0 | 0 | 0 | 0 | 0 | 0 | 2 100 |
| 新乡园区 | 12 | 350 | 1 | 0 | 0 | 2 | 19 | 130 | 83 | 1 000 |
| 兰考园区 | 20 | 1 505 | 0 | 1 | 0 | 4 | 39 | 297 | 44 | 53 882 |
| 泌阳园区 | 6 | 136 | 1 | 0 | 0 | 2 | 30 | 20 | 20 | 50 000 |
| 宁陵园区 | 6 | 60 | 0 | 1 | 0 | 0 | 26 | 15 | 13 | 69 000 |
| 通许园区 | 6 | 132 | 1 | 0 | 0 | 0 | 29 | 25 | 25 | 44 800 |
| 西峡园区 | 4 | 28 | 0 | 0 | 0 | 0 | 8 | 12 | 10 | 82 000 |
| 蔚氏园区 | 29 | 589 | 0 | 0 | 0 | 2 | 36 | 28 | 53 | 36 259 |
| 孟津园区 | 6 | 18 | 0 | 1 | 0 | 1 | 4 | 52 | 45 | 110 |
| 新安园区 | 6 | 42 | 0 | 0 | 0 | 0 | 1 | 30 | 18 | 1 500 |
| 内黄园区 | 0 | 0 | 0 | 0 | 0 | 2 | 1 | 26 | 26 | 5 000 |
| 延津园区 | 11 | 200 | 0 | 0 | 0 | 0 | 15 | 17 | 20 | 6 000 |
| 方城园区 | 5 | 24 | 2 | 0 | 2 | 0 | 5 | 6 | 39 | 2 560 |
| 正阳园区 | 28 | 363 | 7 | 6 | 1 | 4 | 470 | 84 | 28 | 80 000 |

资料来源：1）河南省科技厅 2019 年农业科技园区验收报告；2）信阳农业科技园区数据缺失，临颍农业科技园区和安阳马鞍山农业科技园区申请撤销农业科技园区。

### 三、星创天地建设良好

星创天地是国家 2016 年启动打造的农村版众创空间，目的是通过市场化机制、专业化服务和资本化运作方式，打造农业领域的众创空间，利用线下孵化载体和线上网络平台，聚集创新资源和创业要素，促进农村创新创业的低成本、专业化、便利化和信息化。星创天地由独立法人机构运营，面向农业农村创新创业主体，建设的集科技示范、技术集成、成果转化、创业孵化、平台服务等为一体的开放性综合服务平台。

2017 年的中央 1 号文件提出，打造一批"星创天地"。"星创天地"是推动农业农村创新创业的主阵地，以农业高新技术产业示范区、农业科技园区、高等学校新农村发展研究院、农业科技型企业等为载体，整合科技、人才、信息、金融等资源，面向科技特派员、大学生、返乡农民工、职业农民等创新创业主体，集中打造融合科技示范、技术集成、成果转化、融资孵化、创新创业、平台服务为一体的综合平台。

经科技部备案的"星创天地"将纳入国家级科技企业孵化器的管理和服务体系，享受国家规定的相应优惠政策。河南省制定《星创天地实施细则》，对其申报、认定、奖励等进行规范。如对获批的国家级、省级、市级"星创天地"（自 2016 年 1 月 1 日起）给予一次性 100 万元、50 万元、10 万元的奖励。截至 2019 年底，河南省已经对 73 家国家级"星创天地"开展绩效评价工作，目前，73 家"星创天地"共有专职创新创业服务人数 2 206人，创业导师 1 168 名，累计服务创业团队和创业企业数 10 360 个，培训科技企业孵化器 37 个，转化科技成果 546 项，组织培训 14 万人次。

## 第三节　农业科技推广应用体系建设状况

### 一、农业科技成果推广取得新成效

河南省扎实推进"四优四化"科技支撑行动计划，深入实施"现代农业科技示范精品工程"，先后在全省 80 多个县（市、区）创建了小麦、玉米、花生、水稻、大豆、芝麻和甘薯等新品种新技术示范基地（示范方）700 余个，在巩固延津强筋小麦、正阳优质花生、兰考蜜瓜等示范基地的基础上，培育了信阳优质弱筋小麦、西华优质瓜菜、邓州病虫害绿色防控、郸城脱毒甘薯等一批技术集成度高、生产效益好的精品示范样板。2018 年，进一步整合全省农科系统力量并协同省林科院等 81 个科研单位，将"四优四化"科技支撑行动计划四大专项扩大至十大专项，专项经费增加到 6 000 万元。通过"计划"实施，在全省 72 个县（市、区）创建科技示范基地 369 个、服务新型农业经营主体 260 余家，初步建立了省市县纵向和多学科横向合作的立体项目实施体系，形成了几种有重要价值的推广模式。建立的优质小麦产业发展模式，通过"科研＋企业＋合作社""政府部门＋基地＋企业"和"企业＋合作社＋农户"等方式的订单生产，每亩增收 120 元以上；建立了多学科协同推广机制，以高油、高油酸品种为主导，以丰产增效和病虫草害综合防控配套技术为引领，带动我省高油、高油酸花生种植面积超过 400 万亩，为全省发展优质花生提供了可复制可推广的产业发展模式。在这些示范样板的引领带动下，系统各单位新品种新技术推广取得了显著成效。其中，周口院周麦系列小麦新品种推广应用 2 000 多万亩，新乡院新麦系列在黄淮麦区推广面积 800 多万亩，信阳院推广优质水稻 400 多万亩。这些都为引领支撑河南省农业供给侧结构性改革和乡村产业振兴作出了重要贡献。同时，在农业生产关键时期，系统各单位积极组织科技人员深入生产一线，开展技术服务和培训指导 1 200 余次，发放技术资料 86 万余份，为河南省农业丰产丰收打下了坚实基础。

## 二、科技产业发展取得新成绩

2018 年，面对行业的严峻形势，河南省农科系统通过深化企业改革、优化企业经营环境、扶持骨干企业发展、强化自主研发能力、培育新的经济增长点等措施，实现科技产业继续保持稳中向好的有利发展局面，全系统创办的科技企业实现年销售收入 6.74 亿元。秋乐种业、农科牧业、天存种业、永优种业等骨干企业经营状况良好，其中，秋乐种业实现销售收入 2.75 亿元、利税 3 039 万元，被评为河南省农业产业化龙头企业；农科牧业实现销售收入 7 894 万元、利税 530 万元，获得河南省高新技术企业认定。全系统品种权、专利的许可转让收入也维持良好态势，河南省院小麦、玉米、花生等作物的品种权对外许可收入达 1 484 万元，新乡院实现品种权许可收入 484 万元。

## 三、协同创新模式得以广泛采用

除郑州市、新乡市外，河南省其他地市所拥有或所能控制的科技资源要素相对比较匮乏，但都能结合自身优势（土地、管理等）积极寻找技术开发合作伙伴，开展协同创新。几乎所有的园区都与农业科研院所或农业高校有合作，一些是政府与农业院校或院所签订框架协议，如安阳市与河南农业大学签订战略合作协议、新乡与中国农业科学院签订战略合作协议等；一些是企业直接与院校或科研院所直接合作，如中牟弘毅农业科技园与河南农业大学的长期合作、康星股份公司与河南牧业经济学院等院校的合作等。协同创新的形式多样，有的是共建科技创新基地，如平安种业与河南农业大学共建研究基地；有的是筑巢引凤，通过建基地吸引科技人才带成果前来中试孵化；有的是利用物联网技术，发展智慧农业，在线连接优秀农业科技研发人员，如焦作市鑫合实业公司等。

### 四、科技创新支撑服务体系不断完善

注重资金链、人才链、服务链、政策链等对科技创新的支持作用。一是在资金链上，不仅政府投入财政资金作为引导，而且引入农业企业资金或鼓励金融机构加大对农业科技的支持。如政府有意识将"星创天地"支持资金引入到农业领域；一些园区直接引入农业科技企业，通过政策优惠、加强服务等鼓励企业加大科技研发投入。二是广泛通过合作利用高校或科研机构的技术创新人才，如康星股份通过长期与河南牧业经济学院、中国农业大学、南京农业大学等高校合作，逐渐培养起自己的研发队伍；好想你枣业公司与众多科研院所合作，建立自己的研发队伍等。三是政府加强对科技园区的公共服务支持，如新乡市与中国农业科学院合作成立专门的管理委员会，加强对园区的管理服务，大大增强了园区的孵化转化效果。四是一些国家或省市的惠农政策正在走向精准，为园区科技创新发展提供了强有力的政策支持。

## 第四节　河南省县域科技创新能力状况

为考察乡村科技创新能力情况，依据科技部县域创新能力统计数据，对河南省2018年各县市上报的数据进行统计分析，得出河南县域科技创新能力基本情况。具体统计情况如下（表7-3）。

**表7-3　县域创新能力指标的描述性统计**

|  | N | 极小值 | 极大值 | 均值 | 标准差 |
|---|---|---|---|---|---|
| 1. 本级财政科学技术支出 | 92 | 268 | 21 210 | 4 966.58 | 4 427.773 |
| 2. 本级财政科学技术支出占当年财政一般公共预算支出比重 | 91 | 0.01 | 5.80 | 1.325 8 | 1.116 13 |

（续）

| | N | 极小值 | 极大值 | 均值 | 标准差 |
|---|---|---|---|---|---|
| 3. 万名就业人员中 R&D 人员数 | 63 | 0.00 | 879.00 | 116.054 8 | 199.682 38 |
| 4. 创新创业服务机构及研究开发机构数 | 83 | 0 | 49 | 7.37 | 8.152 |
| 5. 创新密集区数 | 83 | 0 | 4 | 0.62 | 0.971 |
| 6. 企业享受研发经费加计扣除优惠政策获得的税收减免额 | 81 | 0.00 | 9 767.74 | 1 287.228 9 | 1 752.980 51 |
| 7. 高新技术企业所得税优惠额 | 78 | 0.00 | 3 359.24 | 604.269 7 | 808.414 11 |
| 8. 地区财政性教育经费支出与地区生产总值（GDP）比例 | 64 | 0.00 | 31.90 | 4.148 4 | 4.878 43 |
| 9. 规上企业研究与试验强度 | 72 | 0.00 | 5.74 | 1.188 9 | 1.240 13 |
| 10. 规上企业 R&D 人员占从业人员比重 | 72 | 0.00 | 26.27 | 5.168 6 | 5.620 89 |
| 11. 规上企业中建立研发机构的企业数量占比 | 78 | 0.0 | 100.0 | 23.980 | 25.584 9 |
| 12. 高技术产业主营业务收入占工业主营业务收入的比重 | 66 | 0.00 | 81.41 | 20.545 8 | 21.357 53 |
| 13. 高新技术企业数 | 89 | 0 | 64 | 9.41 | 86.430 |
| 14. 规上企业新产品销售收入占主营业务收入比重 | 51 | 0.00 | 49.00 | 16.257 3 | 14.626 82 |
| 15. 规上企业发明专利申请数 | 73 | 2 | 679 | 98.43 | 131.258 |
| 16. 万人发明专利授权数 | 79 | 0.00 | 12.38 | 1.485 4 | 1.975 22 |
| 17. 省级以上农业产业化龙头企业数 | 79 | 0.00 | 70.00 | 7.294 9 | 9.176 49 |
| 18. 农产品"三品一标"产品数 | 73 | 0.00 | 223.00 | 39.638 9 | 46.190 82 |
| 19. 居民人均可支配收入 | 82 | 3 500.00 | 36 309.90 | 18 994.404 6 | 5 024.099 28 |
| 20. 万元 GDP 综合能耗 | 61 | －5.00 | 3.00 | 0.3 122 | 1.387 60 |
| 21. 科技金融支持力度（市级以上政府股权引导基金引入额） | 36 | 0.00 | 32 600.00 | 1 892.174 0 | 6 169.265 37 |
| 22. 技术市场成交合同额 | 49 | 0.00 | 93 939.20 | 4 166.358 3 | 14 361.442 18 |
| 23. 市级以上科技特派员数 | 80 | 0 | 137 | 17.19 | 20.356 |

资料来源：2018 年科技部县域创新能力监测数据（河南省）。

根据河南省 89 个县域的调查数据*，按照科技部监测的 23 个指标来衡量河南省县域的创新能力，对数据进行描述性统计分析。23 个指标可以分为三类：创新投入（主要是政府投入）、创新主体以及创新环境三个方面。

## 一、政府支持创新方面

在政府支持方面，指标主要衡量了地方政府对提高当地创新能力提供的资金投入、人才支持、基础设施以及政策优惠四方面的情况。

财政资金投入用投入的总量和占 GDP 比重两个指标衡量。样本中 89 个县域的本级财政科学技术支出平均值为 4 966.58 万元，其中支出最多为新密市 21 210 万元，占其当年财政一般公共预算支出的 3.95%，最少为扶沟县，仅为 268 万元，占当年财政一般公共预算支出的 0.01%，偃师市虽然科技支出的绝对数量不是最大的，但是其支出占公共预算支出的比例却是最大的，达到了 5.8%。标准差和极值都表明河南省各个县域对科技创新财政资金投入的差距非常大，政府财政资金支持科技创新的力度在不同县域差异明显。

人力支持用万名就业人员中研究与开发人员比重以及科技特派员人数两个指标度量。样本所有县域中，89 个县万名就业人员中平均有 116 名从事研究与试验发展工作，其中太康县人数最多为 879 人，而内黄县没有人从事研究与试验发展工作。新密市和偃师市虽然创新资金投入较多，但是并不重视科技人员的投入。可见万名就业人员中研究与试验发展（研究与开发）人员数量有很大的不同。除此之外，河南省县域市级以上科技特派员一共有 1 358 人，其中郸城县最多，有 137 名，淮阳县、孟州和永城市人数为 0，各县域所拥有的科技创新人才数量和质量差距较大。一系列数据都表明河南各县对创新发展的人才投入有很大差距，创新重视程度各不相同。

政府对教育的投入也是地区创新能力的一个重要方面。各县地区财政性教育经费支出占其地区生产总值（GDP）的比例平均为 4.15%，其中西峡县政府对教育高度重视，其财政性教育经费占地区 GDP 的 31.9%。一些县的财政性教育经费支出占 GDP 的比重较低，可能是由于统计数据不准确。

---

* 河南省共有 118 个县市（不含市辖区），因各县上报的数据不全，这里选用 89 个数据较全的县市进行分析。

　　创新平台建设（创新的基础设施）包括创新创业研发或服务机构数和创新密集区两个指标。统计结果表明：89个县平均有7.37个创新创业服务机构及研究开发机构。长葛市设立49个创新创业服务机构及研究开发机构，在样本中为设立创新机构最多的县域。一些县（市），如巩义市、淮阳县、济源市、林州、内黄县、汝州市、温县、西华县、襄城县、新野县、义马市、原阳县和中牟县没有设置创新创业服务机构及研究开发机构（可能是数据填报缺漏）。而在创新密集区方面，固始县和长垣县均有4个创新密集区，有51个其他的县域没有创新密集区。无论是创新创业服务机构及研究开发机构还是创新聚集区，均体现出区域创新的基础设施和环境状况，从数据来看，河南省县域创新的平台建设不甚乐观，机构少，区域发展不平衡，创新氛围不够浓厚。

　　对创新企业的税收政策优惠包括高新技术企业减税额和科技金融支持额。统计显示，89个县（市）的企业享受研发经费加计扣除优惠政策获得的税收减免额平均为1 287.23万元，长葛市获得最多的税收减免额，为9 767.74万元，浚县、正阳县、平舆县、清丰县、汝南县、台前县、太康县、温县和新乡县的企业未能享受研发经费加计扣除优惠政策获得的税收减免额。除此之外，高新技术企业所得税优惠额也体现出了政府对高新技术的支持力度。河南省89个县域高新企业所得税优惠额平均为604.27万元，孟州高新技术企业的所得税优惠额度最大，为3 359.24万元，与之相对应，浚县、卢氏县、平舆县、清丰县、汝南县、台前县、温县、舞钢县、舞阳县和正阳县的高新技术企业没能享受到所得税优惠。通过观察发现高新技术企业未能享受所得税优惠的县域与企业未能享受研发经费加计扣除优惠政策获得的税收减免额的县域基本重合，说明这些地区政府没有制定系列政策支持创新产业的发展，对创新的支持少，创新能力相应也较低。此外，本书用市级以上政府股权引导基金引入总额来衡量科技金融支持力度，所有县域政府股权引导基金引入总额平均为1 892.17万元，郸城县科技金融支持力度最大，引入总额达到了32 600万元。

　　以上指标表明，县域政府根据当地实际情况，采取了不同的政策支持创新能力的提高，取得了不同的效果，也有些县域忽视政策优惠对于提升创新能力的作用。

## 二、企业自身科技投入产出方面

　　从企业自身创造的条件来看，研究指标主要衡量了企业内部对创新的经费投入、人才投入以及创新成果这三个方面的情况。

企业研发经费投入：以规模以上工业企业研究与试验发展经费支出占主营业务收入的比值来衡量工业企业创新经费的投入。根据数据，89个县（市）企业的研发支出占其主营业务收入的平均比值为1.19%，企业内部研发经费投入不甚乐观，其中郸城县企业研发经费占总支出比例最高，为5.74%，而内黄县和偃师市企业研发经费支出为0，不同县域环境不同，企业类型和发展方式不同，因此创新经费投入有很大的区别。

人才投入：河南省89个县（市）所有的规模以上工业企业研究与试验发展人员占工业企业从业人员比重平均为5.17%，其中杞县企业中从事研发工作的人员占到了总数的26.27%，为所有县域最高比例，而内黄县工业企业中则没有从事研发工作的人员。企业中研发机构的设立对于企业的创新发展至关重要。从数据来看，规模以上工业企业中建立研发机构的企业数量平均占比23.98%，其中新蔡县所有规模以上工业企业中都建立有研发机构，而内黄县和新安县的企业中均未设立研发机构。因此，县域企业之间对创新的重视程度有非常大的不同，创新现状和能力有很大的差别。

创新成果：最具代表性的创新成果为发明专利的申请量、授权量、新产品销售收入占比等指标。数据显示，89个县（市）的所有工业企业发明专利申请数一共有7 087个，其中仅长垣县就拥有679个，相反也有县域的企业没有发明专利。万人发明专利授权数平均为1.49，其中郸城县为12.38，浚县和汝南县专利授权数则为0。另外，新品销售也是衡量企业创新能力的一个重要指标。根据统计结果，所有县的规模以上企业新产品销售收入占主营业务收入比重平均为16.26%，新品销售收入占比最大的为泌阳县，达到了49%，而内黄县、清丰县和新乡县规模以上的企业没有新品销售。根据以上统计，内黄县的规模以上工业企业在经费投入、人才投入和创新成果方面都没有表现，因此内黄县工业企业相比其他县域来说，其创新能力较差。

## 三、创新环境方面

在创新环境方面，主要包括各县经济发展状况和高新技术企业个数状况，分别衡量了各县的创新活力和创新活跃度情况。

创新活力用经济发展水平和能耗水平两个指标度量。经济发展水平越高代表着创新越有活力。居民人均可支配收入是衡量地方经济发展水平的重要指标。数据显示，89个县（市）的居民人均可支配收入为18 994.40元，其中平舆县居民最富有，其人均可支配收入为36 309.9元，义马市仅为 3 500 元（数据可能有误），标准差和极值都表示县域之间的经济发展水平有很大差距。衡量创新活力的另一重要指标为万元 GDP 综合能耗，能耗越少代表技术水平越高。河南省 89 个县（市）的平均万元 GDP 综合能耗为 0.31（吨标准煤/万元），方城县、汝阳县和太康县万元 GDP 能耗最低，为－5（吨标准煤/万元），新蔡县最高，为 3（吨标准煤/万元）。表明县域之间能耗水平差别较大。

创新成果状况用高新技术企业数、农业产业化龙头企业数、"三品一标"的农产品数来度量。数据显示，河南省 89 个县（市）高新技术企业数一共有 819 个，最多的唐河县就有 64 个；省级以上农业产业化龙头企业一共 569 个，其中林州最多，有 70 个；农产品"三品一标"产品数一共有 2 854 个，兰考最多，为 223 个。

技术的销售和盈利情况能反映一个地方的创新现状。技术市场成交合同额作为技术销售情况的代表被纳入研究指标。依数据可得，新郑市在 89 个县（市）中的技术成交额达到了 93 939.2 万元，但是还有 16 个县（市）技术市场成交合同额为 0，所有县的成交合同额平均 4 166.35 万元。高技术产业主营业务收入占工业主营业务收入的比重则用来反映县域技术的盈利情况，数据显示，89 个县（市）高技术产业主营业务收入占工业主营业务收入的比重平均为 20.55%，长垣县达到了 81.41%，而卢氏县和清丰县则没有高新技术产业主营业务收入。以上分析表示，河南省各个县（市）之间的技术产业发展不平衡，即创新能力不均衡。

# 第五节　河南省乡村创新体系建设存在问题

尽管河南省近年来乡村创新体系建设取得了较大的成就，但相对于乡村振兴对农业农村创新体系的要求，还存在着一些突出的问题。

## 一、农业科技投入不足

河南省科技投入与全国平均水平相比还有较大差距。首先，人均研究与开发经费较低。截至 2018 年底，全国平均水平大致为 1 405 元/人，而河南省仅为 700 元/人。其次，经费数量较少。作为人口大省，河南省的研究与开发经费数量与其他人口大省广东、山东、江苏、四川相比差距较大。由于相对科研经费严重不足，造成仪器设备老化而不能更新，一些田间试验和实验室实验规模缩小，试验农牧场缺乏必要的设施和农机具，科技图书和期刊大量削减，必要的学术会议和现场考察无财力参加。

另外，相对于平均科研投入水平，农林牧渔行业科研投资长期处于较低水平，既低于世界平均农业科研投资强度，又低于我国其他科研领域投资强度。截至 2018 年全国农林牧渔研究与开发科研人员占全部科研人员比重的 12.1%，远低于第二产业和第三产业相关科研人员占比。农业科技经费投入严重不足，2018 年农林牧渔科研经费投入 193 亿元，全国投入科研经费 2 698 亿元，占比仅为 7.1%，科研经费的不足影响了农业科技事业的健康发展，使农业科技单位科研与发展受到较大的制约。

## 二、农业科技人才不足

农业科技领域中的"领军型"人才稀缺。改革开放以来，在党和国家的高度重视下，我国农业科技创新人才队伍建设取得了长足的进步。在人员数量和结构上都有了较大的提高和改善，但是，由于学科发展不均衡、地方发展不均衡、科技政策不完善，经济基础条件较差等因素，河南省农业科技领军人才严重不足。

一是农业科技尖端人才和学科带头人不多，导致高新技术研究乏力。截至 2018 年，全国农业学部的中国工程院院士 77 人，河南省仅 3 人；缺乏市场意识强、管理水平高、开拓能力大的开发型人才，导致农业科技产业化发展滞后。以产业发展的机构为例，截至 2018 年河南省"三农"相关的工商机构登记数量为 339 家，仅占全国比重的 1.2%，远远低于平均水平，另外就农业产业方面的合作社工商登记数量为 274 家，仅占全国比重的 2.6%，也远远低于全国的平均水平。

二是基层农业科技队伍基础较差。全国现有 100 余万科技人员从事农业科研、教育和技术推广工作，但这支人才队伍相对于一个有近 14 亿人口、6 亿农民的大国来说，显然又是人数偏少的。从事创新工作的人员又相对更少，专门从事创新研究并有创新任务的不足农业科技人员总数的 5%。据统计，截至 2018 年底河南省拥有的科研人员当中，非高等院校、科研机构从事农林牧渔科研人员为 829 人，其中本科及以上学历仅为 162 人，从事科研工作人员为 574 人，其中全职科研人员仅为 234 人。与此同时全国农林牧渔科研人员 56 237 人，河南省仅占全国比重的 1.1%；远远低于全国平均水平。另外，农林牧渔科研机构数量为 22 个，与此同时全国农林牧渔科研机构 1 067 个，仅占全国比重的 2%。

三是农业科技人才普遍学历程度不高；在已有的非高等院校、科研机构中截至到 2017 年拥有博士学位的科研人员的比例分别为 10 人/万人，拥有硕士学位的农业科技创新人才比例也只有 38 人/万人，占河南省农业科研人员的比重分别为 1.7%、6.6%；即使是本科以上学历也仅占科研人员数量的 28%，不足三分之一。即使是在大专院校，农业科技创新人才的比重仍较低，从事农业科技创新的人数仅占全部教师人数的 10% 左右。

四是河南省农业科研力量结构不均衡。从河南省农业科研力量的专业结构看，科技创新的人员分布与经费投入主要分布在畜牧业以及少部分种植业方面，其中畜牧业科研投入占河南省较大比重，其中畜牧相关的科研机构数量为 18 家，占全部有研究与开发活动的机构数量比重为 81%，剩下的 4 家科研机构均为种植业农业科研机构。而科研人员也基本上分布在这些机构当中。与此同时，在高校方面，河南省有 141 个高等院校，而从事研究与开发活动的有 129 个，其中理工农医院校 47 个，仅占有研究与开发活动的 36%。而专业类农林高校或含有涉农专业的高校仅有 7 个，本科学校 4 个。因此河南省自然科学技术研究相对于人文社科存在较大的不足，而农林类专业科研在自然科学技术研究中也比重很低，这就使得河南省的科研结构制约了农业科技创新的发展。

## 三、农业科技进步贡献率有待进一步提升

2018 年，我国农业科技进步贡献率 58.5%，主要农作物良种基本实现全覆盖，主要农作物耕种收综合机械化率 63.8%；每个劳动力年生产粮食 1 450 千克，肉类 70～80 千克，粮食单产达到 6 205 千克每公顷，生猪酮体重为 100 千克；化肥、农药、灌溉水等利用率达到 30%～40%。尽管河南省农业发展已经进入到更加依靠科技进步的新阶段，但是与发达国家的农业科技水平相比还有较大差距（表 7 - 4）。差距既表明一种劣势和落后，同时也预示着一种优势和机会。如果能够迅速整合资源，实现农业科技的跨越式发展，并通过一种适当的途径将科技因素和农户的农业生产相结合，有可能通过引入科技因素来改造传统农业、提高农业生产率，让农业既成为河南省经济发展的增长点，又解决农民增收的一个大产业。

表 7 - 4　河南省同发达国家农业科技发展的比较

| 比较指标 | 河南 | 发达国家 |
|---|---|---|
| 农业科技贡献率 | 58.5% | 70%～85% |
| 农业劳动生产率 | 每个劳动力年生产：粮食 1 450 千克，肉类 70～80 千克 | 每个劳动力年生产：粮食 2 万～10 万千克，肉类 3 000～5 000 千克 |

（续）

| 比较指标 | 河南 | 发达国家 |
|---|---|---|
| 粮食单产 | 6 205 千克/公顷 | 6 195 千克/公顷 |
| 生猪酮体重 | 100 千克 | 120 千克 |
| 作物良种覆盖率 | 80%以上 | 100% |
| 化肥当年利用率 | 30%～40% | 60%以上 |
| 灌溉水利用率 | 30%～40% | 60%以上 |
| 农业机械化程度 | 机耕率：54%；机播率：28%；机收率：14% | 全面机械化 |

资料来源：河南省数据依据农业科研系统年度工作总结得来；发达国家数据参照《中国工程科技 2035 发展战略农业领域报告》汇总得来。

# 第八章 河南省乡村创新体系建设中的政府行为分析

省级政府在乡村创新体系发挥着重要作用。其中，需要发挥科技管理部门（科学技术厅）的政策制定与组织实施作用，发挥发展改革委员会、财政厅、工业信息化厅、农业厅、国土资源厅、教育厅等其他政府部门的辅助作用，发挥各直辖市政府及省直管县政府在其中的组织实施作用。

## 第一节 河南省乡村创新体系建设中的政府职能

乡村科技创新体系建设首先涉及政府科技管理相关部门。科技管理部门主要以科技厅（省级）、科技局（市县级），其他部门也对科技管理承担一定职责。

### 一、科技管理部门主要职责

省级科技管理部门主要是科技厅，科技厅主要在乡村创新体系建设中发挥科技创新规划与政策制定、科技活动组织实施、检查监督职能。

#### （一）科技创新规划与政策制定

科技厅的科技创新规划与政策制定职能是由科委的职能承接而来。河南省科技创新规划与政策制定来源于《中共河南省委河南省人民政府关于省政府职能转变和机构改革的实施意见》（豫发〔2014〕7号）关于科技厅职能的相关界定，见表8-1。

表8-1 河南省科技厅主要职责

| 序号/领域 | 科技计划制定职能 | 科技组织职能 | 检查监督职能 |
|---|---|---|---|
| 科技战略与法规 | 贯彻执行国家科技工作法律、法规和方针、政策；制定全省科技发展战略、地方性法规、规章草案和政策措施 | 组织实施上述活动 | 检查监督上述活动 |

（续）

| 序号/领域 | 科技计划制定职能 | 科技组织职能 | 检查监督职能 |
|---|---|---|---|
| 科技规划 | 牵头拟订全省科技发展规划，确定全省科技发展的战略布局和优先发展领域 | 负责规划实施；会同有关部门推进创新驱动发展战略实施 | |
| 科技体制机制改革 | 提出全省科技体制改革的政策和重大措施建议 | 推进科技创新体系建设和科技体制改革工作 | 审核科研机构的组建和调整 |
| 科技投入 | 组织制定多渠道增加科技投入的政策措施；拟订科技金融结合的政策措施；提出科技资源合理配置重大政策和措施建议 | 会同有关部门统筹管理科技投入，指导科技融资工作 | |
| 技术研究与科技计划 | 制定推动全省应用基础研究、前沿技术研究、社会公益技术研究及产业发展关键和共性技术研究等方面的政策措施；负责全省科技计划的制定 | 组织全省经济社会发展重要领域的重大关键技术攻关，负责全省科技计划的组织实施 | |
| 高新技术与产业化 | 会同有关部门拟订高新技术产业化政策，推进全省高新技术发展及产业化工作；牵头拟订促进高新技术出口相关政策措施 | 指导省级高新技术产业开发区建设 | |
| 产学研合作 | 会同有关部门拟订促进产学研结合的政策措施；制定科技成果转化和产业化政策，指导科技成果转化工作 | 组织相关重大科技成果应用示范，组织实施重大科技专项 | |
| 科研条件建设 | 提出全省科研条件保障规划和政策建议；会同有关部门加强科技基本条件建设；负责科技创新基地的规划布局、指导和监督；拟订全省科技服务业政策措施，推动科技服务业发展 | 负责全省科技基础条件平台、科技服务平台和企业技术创新科技支撑平台建设工作 | |
| 科技奖励与人才 | 会同有关部门拟订科技人才队伍建设规划，提出相关政策建议 | 负责全省科技奖励工作；负责全省科技创新人才队伍和团队建设 | |
| 科技合作与交流 | 拟订全省对外科技合作与交流的政策、计划；负责全省对外及涉港澳台地区科技合作与交流事宜 | 组织实施国际科技合作计划；组织日常管理工作 | |

（续）

| 序号/领域 | 科技计划制定职能 | 科技组织职能 | 检查监督职能 |
| --- | --- | --- | --- |
| 科普 | 拟订全省科学技术普及工作规划，指导全省科普工作；统筹规划、指导全省民营科技企业和科技类民办非企业单位发展 | 负责科技中介服务体系建设的总体规划、监督指导 | 监督指导科技中介 |
| 农村科技 | 拟订全省科技促进农村和社会发展的政策措施，研究解决农村和社会发展的重大科技问题 | | |

资料来源：河南省科技厅网站关于科技厅职能的介绍。

从政府作用领域来看，科技创新规划与政策制定职能涉及 12 个领域，包括科技发展战略、科技规划、科技体制机制改革、科技投入、高新技术与产业化、产学研合作、科研条件建设、科技奖励与人才工作、科普规划、农村科技等。其中乡村创新体系建设主要工作由农村科技处组织实施。

### （二）组织实施科技创新活动

科技厅对一些专业性比较强的科技活动有组织实施的职能，如组织贯彻实施国家科技工作的法律规章、组织实施全省自主创新的规章制度、会同有关部门组织实施省科技中长期发展规划等；组织实施科技创新体系建设与科技体制机制改革；统筹管理科技投入、组织重大科技攻关等科技计划、指导省级开发区建设、组织实施科技成果应用示范、科技基础条件建设、对外科技活动的开展等。

### （三）检查监督科技政策法规执行状况

省级科技管理部门负责对省辖市或省直管县科技管理部门的工作进行指导，并且对下属科技创新政策法规的实施，以及科技创新活动的开展效果进行检查监督。如负责检查监督市县政府对国家或省级科技创新政策法律法规的实施状况，负责省级科技计划的结项验收检查与过程监督，负责科技创新平台建设的检查验收等。

## 二、科技相关管理部门职责

省级科技相关管理部门主要包括发展改革委员会、财政厅、工业和信息化厅、农业厅、教育厅、国土资源厅、审计厅等相关部门。这些部门在乡村创新体系建设中主要起着服务与辅助作用,见表8-2。

表8-2 省级科技相关管理部门职责

| 主要部门 | 科技管理方面的主要职责 | 主要作用 |
| --- | --- | --- |
| 发改委 | 参与科技创新战略、法规与规划的制定,会同相关部门站在全省发展角度制定、审核科技创新法规等 | 审批、会商 |
| 财政厅 | 参与科技创新战略、法规与规划的制定,会同相关部门审核科技创新法规,制定科技创新支持政策,给予财政拨付支持等 | 审核、拨款、财税政策制定 |
| 工信厅 | 参与工业科技创新战略、法规、规划的制定,会同相关部门制定产业创新政策,监督实施科技创新相关法规 | 会商、监督 |
| 农业厅 | 参与农业科技创新战略、法规、规划的制定,会同相关部门制定农业科技创新政策,监督实施科技创新相关法规 | 会商、监督 |
| 国土厅 | 参与科技创新土地利用方面的政策制度制定与实施,在科技创新平台建设土地用地方面给予支持 | 会商、支持 |
| 教育厅 | 参与科技创新人才培养、基础研究、技术开发、创业服务等方面的政策制度制定与实施 | 会商、服务 |
| 审计厅 | 对科技管理活动的合规性进行检查,对法律法规的执行结果进行审计监督 | 检查、监督 |
| 环保厅 | 会商制定环境保护类科技政策,组织开展环保类科技创新活动 | 会商、活动开展 |

资料来源:根据相关厅局的职能整理。

### (一)科技创新政策会商制定

发展改革委员会作为综合协调决策机关,对科技管理工作的配合协同作用最强。发改委的主要作用在于决策制定,在科技创新发展规划、科技体制机制改革、固定资产投资、外资利用、科技重点项目审批等方面给予综合决策的协调与指导。财政厅对科技政策制定与实施也有深刻影响,财政厅主要是对科技计划、科技活动等政策实施给予财政税收政策支持与财政拨款支持。其他相关厅局主要是对科技创新政策制定起着协同商定作用。

## （二）科技创新活动组织开展

科技管理相关部门在科技活动的开展中给予协同与支持。工信厅、农业厅、教育厅、环保厅等相关部门主要会商制定科技创新政策法规，组织科技创新规划与计划的开展与实施。如教育厅依据科技创新发展对创新创业人才的需求，指导学校修订专业建设、课程教学等计划，使人才培养与科技创新活动更加一致；同时教育厅组织高等院校开展基础研究与技术开发等活动，推动科技计划或科技活动顺利开展与实施。

## （三）检查监督科技创新规划与计划实施的效果

科技管理相关部门依据自身职责还对各自负责的领域进行科技创新规划、科技创新活动实施开展的过程进行监督，对实施效果进行检查或评价。如审计厅对科技厅科技计划实施效果有一定的监督与审查职能。

## 三、地方政府科技管理职责

市县地方政府在乡村创新体系建设中的科技管理职责在于贯彻实施国家与省级科技创新相关法律法规，结合地方实际制定符合地方经济社会发展的科技创新政策；组织开展相关科技创新活动；检查监督科技创新活动实施等。

### （一）贯彻实施科技创新法律法规

市县地方政府依据上级科技管理部门制定的政策，出台相应的实施意见或细则，贯彻落实国家或省级政府科技创新类政策法律法规。如国务院办公厅发布《关于发展众创空间推进大众创新创业的指导意见》，河南省贯彻实施该政策，出台《河南省人民政府关于发展众创空间推进大众创新创业的实施意见》；郑州市政府出台《关于发展众创空间推进大众创新创业的实施意见》《关于深化实施开放创新双驱动战略加快郑州都市区建设的意见》《郑州市创新创业综合体建设管理办法》等配套措施法规。

### （二）建立地方科技创新政策

在乡村创新体系建设中，市县地方政府依照《立法法》赋予的立法权，制定和修改创新相关的地方性规章。编制科技创新发展规划，编制科技创新事业发展的财政预算，管理本行政区域内的与科技创新相关的产业、教育、科学、财政、司法等行政工作。评估、监督科技与产业计划发展状况以及预算执行情况。协调不同部门对出现的偏差进行纠正。

### (三) 检查监督科技创新活动开展

通过实施相关规章和政策，对企业、高等院校、科研院所等主体的创新行为给予优惠政策的扶持或者对违法违约行为进行一定的惩罚；对农业科技园区建设、研发基础设施建设、研发平台建设、研发人才培养等给予必要的支持；对不合乎规定的市场行为进行限制，保障企业或职工的合法权益；对政府相关部门的不作为进行限制，促进各主体积极作为。

## 第二节　河南省乡村创新体系建设中的政府行为表现

建设乡村创新体系，河南省政府采取了一系列行为措施，包括制定创新政策，培育创新企业，推动创新合作，建设创新载体，完善创新机制，资助主导产业创新等。

### 一、制定创新政策

2005 年国家实施新农村建设以来，河南省持续制定了一系列农业农村科技创新政策，在一定程度上推进了农业现代化建设。这部分内容由于第九章会有详细论述，这里不再赘述。

### 二、培育创新型企业

#### (一) 积极培育高新技术企业

政府支持乡村创新体系建设的主要行为之一是培育创新型企业主体。河南省积极开展高新技术企业的培育、认定工作，支持高新技术企业上市融资。2007 年河南省开始实施"企业创新能力培育科技工程"，2012 年出台《企业创新能力培育科技工程实施方案（修订）》，提出在"十二五"期间，要培育一批创新型企业和高新技术企业。截至 2018 年底，全省农业科技园区经培育认定的国家高新技术企业总数达到 214 家，上市企业 16家。省地市政府相关部门加强对高新技术企业上市融资的培育和辅导，在科研项目、平台建设等方面提供有力支持，举办上市融资培训班，积极向券商推介等服务，加强对企业上市融资的引导和培育工作，帮助更多的企业尽快上市融资。

### （二）引导和支持企业建立研发平台

企业研发中心泛指建在企业的工程（技术研究）中心、重点实验室、技术中心及其他研究开发机构。2015 年 3 月，国务院办公厅颁发《关于发展众创空间推进大众创新创业的指导意见》，同年 6 月河南省人民政府出台《关于发展众创空间推进大众创新创业的实施意见》，开始大力支持建设各项创新创业平台。截至 2018 年底，28 家农业科技园区设有研发机构的企业 292 家，设有院士工作站 22 个，设有省级以上科技孵化机构 13 家，省级以上众创空间 10 家。

### （三）培育企业的科技创新能力

组织开展专题技术成果对接活动。突出乡村当地技术成果需求，为园区企业的科技创新活动提供对接服务。2011 年，省科技厅举办了重大科技专项成果发布与对接活动，河南金丹乳酸科技股份有限公司与哈尔滨工业大学合作开发的医药级 L-乳酸新技术研究项目，将推动我国生物发酵行业的整体优化升级，促进我国生物产业的快速发展。该项目研发预计投入 13 000 万元，产业化总投资 29 826 万元[①]。通过持续举办这样的活动，促进企业与高校合作广泛进行科技创新活动，大大提升了企业的技术创新能力。

## 三、支持创新创业人才队伍建设

培养造就高素质创新人才队伍是乡村创新体系建设的主要工作。政府通过制定规划、实施创新型科技人才队伍建设工程，培育一批科技领军人才、一批科技创新团队和一支创新型科技人才骨干队伍。

### （一）出台并实施系列人才规划

制定了《河南省科技人才发展中长期规划（2011—2020 年）》《河南省农村实用人才队伍建设和农业科技人才发展中长期规划（2010—2020 年）》等一系列科技创新人才规划。贯彻实施规划内容，推进创新人才建设工作不断深入开展。上述系列规划均提出实施人才工程，如《农村实用人才队伍建设和农业科技人才发展中长期规划》提出启动实施五项重大人

---

① 《搭建开放合作平台　促进成果转移转化》河南日报，2011-8-25.

才工程：高层次创新型农业科研人才推进工程、现代农业技术推广人才培养开发工程、农村实用人才带头人素质能力提升工程、农村实用人才创业兴业工程、农村实用人才技能开发工程。

### （二）实施人才强省工程

从 2009 年开始，河南省开始实施"中原崛起百千万海外人才引进工程"，计划引进一批海外及省外高层次科技创新人才。在省人社厅建立一站式服务窗口，协调有关部门，办理相关手续。建立 10 个高层次人才创新创业基地和 10 个留学人员创业园，通过项目、资金、政策支持等措施吸引海内外人才。

## 四、建设创新创业载体

乡村创新体系建设与运行需要在一定的载体中进行，建设创新载体也是政府行为的一个主要方面。近年来河南省政府创新载体建设的行为主要有以下几个方面。

### （一）建设重点实验室

河南省大力支持重点高校、科研机构和有条件的企业及事业单位建设重点实验室、工程实验室、高校重点实验室。近年来，河南省每年拟新建 30 家左右的重点实验室以提升科技创新能力。2019 年，分别依托郑州大学和河南大学建设，新获批两家省部共建国家重点实验室。这两家依托单位，恰好是河南省仅有的两所"双一流"建设高校；新培育41 家河南省国际联合实验室，从而使全省国际联合实验室总数增至232 家。

### （二）大力支持农业科技园区建设

目前河南省建有郑州、洛阳、南阳、安阳、新乡等 14 个国家级农业科技园区，有 17 家省级农业科技园区，另有 1 家农业高新技术开发区（郸城农业高新技术开发区）正在申报建设。河南省政府在高新区建设中将给予财税、土地、平台建设等方面的政策优惠，如在土地使用方面，对符合规定条件的工业用地，在土地出让价计算时，可按照不同等级相应的《全国工业用地出让最低价标准》的 70％来计算，在平台建设方面，对新培育的国家级科技企业孵化器、大学科技园等，河南省财政可以连续三年每年支持 100 万元的资金扶持。

## （三）探索建立产业创新战略联盟

以产业科技创新战略联盟提升企业发展的竞争优势。2013 年，河南省颁布《河南省产业科技创新联盟建设与管理办法》，并组织相关部门积极进行申报。截至 2018 年底，农业领域有 14 家战略联盟成立，占全部 64 家的比例为 22%。这 14 家中，9 家是以高等院校和科研机构为牵头单位的。科技创新战略联盟，促进了企业、高等院校和科研院所由过去松散的点对点短期合作模式向联合开发、优势互补、利益共享、相对稳定的合作方向发展，攻克了一批产业技术创新的关键技术问题。

## （四）发展其他各类有效的创新载体

一是加快推进创新创业综合体建设。总结推广郑州市建设创新创业综合体经验，在创新条件相对较好、创新氛围比较活跃的区域实施启动建设创新创业综合体。二是加快专业孵化器建设。以现有产业集聚区、大学生创业园等载体为依托，重点支持了一批专业孵化基地建设。三是加快推进开放式孵化平台建设。支持建设低成本、便利化、全要素开放式的众创空间，积极推动慧谷咖啡等成熟众创空间进一步发展，推动"孵化器＋宿舍""孵化器＋商业""孵化器＋会议""YOU＋创业公寓"等创客空间、创业社区新型平台建设。四是加快推进创新创业群落建设。支持园区发展创新创业群落，为创业团队和创业企业提供创业空间和专业化服务。

## 五、营造创新环境

营造良好的创新创业氛围是政府行为的重要方面。河南省政府在营造创新环境方面主要进行了体制机制改革。

## （一）推进了科技计划管理体制机制

实施了科技计划集中管理、分类支持制度，建立科技管理云服务平台。改革了科技计划支持方向，重点支持创新型产业的共性技术与关键技术研发，提高科技经费的使用效益。改革了科技计划立项机制，聚焦产业技术攻关重点，提前谋划科技重大项目，做好重大专项需求咨询、筛选和调研。改革了科技计划管理方式，加强各类科技计划的统筹协调和有机衔接，加强对科技项目的过程监管。改革科技计划的考核机制，建立以成果化、商品化、产业化为主的考核指标体系。建立了研究成果基本信息社会公开制度。

## （二）推动科技评价机制创新

继续完善科学技术奖评审办法，强化了科技奖励对引导科技成果转化应用、企业技术创新、产学研用合作、创新型人才培养和关注基层民生的导向作用。不断改进科技评价办法，初步建立起基础研究由同行评价、应用研究由用户和专家评价、产业化开发由市场和用户评价的制度体系。规范评价程序，建立评审专家责任制度和信息公开制度，加强对科技项目决策、实施、成果转化的后评估。2011 年，河南省颁布实施了《河南省促进科技成果转化条例》，促进科技成果向现实生产力转化，规范科技成果转化活动，加速科学技术进步，推动经济建设和社会发展。

## （三）推进政府职能由研发管理向创新服务转变

加快科技管理机构改革，建立权责一致、分工合理、决策科学、执行有力、协调高效、监督到位的科技管理体制。深入推进行政审批制度改革，进一步精简审批项目，优化审批流程，提高审批效率，切实提升自主创新的服务水平。大力推进科技领域电子政务建设，建立健全政府相关部门信息共享和工作联动机制，提高政务信息化水平。

## （四）推进科技合作机制改革

实施科技开放合作工程，主要目标是：运用国内外科技成果在河南省实现产业化，提升河南省运用国内外科技成果产业化能力，促进全省发展和科技进步。支持企业、高校和科研单位与省外、国外知名高校、科研单位和企业开展合作研发及成果转化。通过工程实施，促进科技扩大对外开放合作，集聚科技创新资源，加快提升各类创新主体和载体的创新能力。对列入工程实施的项目，以奖代补和后补助的方式择优支持。科技成果和科技资源效能的评价要以产业化、市场化和商品化为主要标准。河南省开展的省院科技合作项目是河南省人民政府与中国科学技术协会、中国科学院、中国工程院等院士单位合作，用于支持河南省企业、高校、科研院所开展现代农业、生物及新医药、新能源新材料等研究的项目。

## 六、促进科技扶贫

为充分发挥科技在精准扶贫、精准脱贫中的作用，河南省科技厅2018 年安排省财政经费 3 438 万元，围绕贫困县主导产业关键技术的研发、成果转化和产业化，按照"县凝练需求，市把关推荐，省指导支持"

的原则，自下而上，省市县三级联动，支持每个贫困县各实施了一项科技惠民专项。项目实施一年后，对效果进行评价。取得的成效如下：

一是有力推动了产业发展。由贫困县围绕各县主导产业实施的 53 个项目，覆盖中草药种植、果蔬种植、畜禽养殖、食用菌生产加工等多个产业，科技惠民专项的实施解决了这些产业发展过程中的一些技术难题，共引进新品种 224 个，引进新技术 107 项，充分发挥了科技在产业发展中的示范引领作用，有力推动了贫困县地方产业的高质量发展，促进了三产融合，新增经济效益 4.3 亿元。

二是带动脱贫作用显著。科技惠民专项的实施，促进了主导产业的创新发展，加快了先进技术和适用成果在贫困地区的落地转化，提高了农民依靠科技增收致富的能力。据统计，科技惠民专项项目覆盖贫困村 850 个，培训农民近 6.3 万人次，发放资料近 3.8 万份，直接参与项目实施的农民 1.7 万人，辐射带动农民 4.5 万人。

三是激发地方政府科技扶贫的积极性，带动社会资金投入科技扶贫。各贫困县通过牵头制定科技惠民专项项目实施方案，落实项目经费，积极组织龙头企业开展成果转化示范、技术培训推广，提高了县（市）科技部门的影响力；另外项目的实施使各贫困县借助科研院所、龙头企业的先进适用技术成果大幅度地提升扶贫产业的科技贡献率，提升贫困群众自我发展能力，激发了地方政府科技扶贫的积极性。据统计，项目带动县级专项配套资金 287 万元，如宜阳县、栾川县、嵩县地方财政针对科技惠民项目分别专项配套 15 万元、20 万元和 50 万元（已到位 38 万元），商丘市民权县、宁陵县等县投入配套专项资金 10 万～15 万元。项目的实施同时也带动了县级政府对本县主导产业的投入，如嵩县种植艾草的贫困户每亩补贴 600 元，种植种苗每亩补贴 5 000 元，洛宁县为种植苹果贫困户每亩补贴 600 元，汝阳县为种植户每亩补贴 200 元。

四是推动产学研紧密合作。53 个科技惠民项目通过与河南农业大学、河南科技大学、西北农林科技大学、河南省农科院等省内外高校科研院所建立合作关系共引进新品种 224 个、新技术 107 项，推广新品种 104 个、新技术 95 个，加快了科技成果转化应用，有力推动了产学研合作。

## 第三节　河南省乡村科技创新体系建设中政府行为偏差

尽管地方政府在乡村创新体系建设中发挥了巨大作用，但也不可避免存在一些行为偏差。主要表现在以下几个方面。

## 一、科技资源投入重城轻乡

乡村科技创新资源大多分布于城市而较少在农村。当前，与全国一样，农业科技要素受传统体制的约束，科技创新机构和人才资源要素多集聚在大中城市，与乡村振兴战略下产业向优势区高度集聚集群发展的要求不够协调，并且科技要素只有与产业资本、资源、市场等发展要素协同配置和紧密融合，才能有效发挥技术优势。乡村振兴和产业发展迫切要求打破在"城市创新"到"农村转化"的方式，打破城乡分隔，引导城市科技创新平台和资源迁移到农村发展核心区域。建设乡村创新体系在产业集群优势区内建设创新平台，推动国家创新力量与民间（企业）创新力量整合，在研究中加快集成转化，在转化中寻找创新需求，加快针对性成果创新应用。

传统农业科技创新资源较多而新型农业创新资源薄弱。随着农业农村发展内涵的丰富和外延的扩展，对农业科技需求更加多样化，而我国科研机构和大学科研团队多是在计划经济时期创办，多以粮、棉、油等大宗农产品技术创新为主，虽经几十年的发展不断调整完善，但创新力量布局和学科结构仍偏重于传统产业和传统学科，在农业高质量发展技术、大健康等特色农业技术、农业资源绿色高效利用技术、农产品转化增值技术、新产业新业态发展技术上供给不足，对现代农业发展的支撑不强。

## 二、乡村科技创新体系运行机制不灵活

技术创新重单向轻集成。由于我国农业科技创新学科分设，农业科技创新成果和技术推广多以单一领域技术创新和推广为主，虽然随着产业技术体系构建和产业集成创新政策的实施，这种状况有所改进，但是，产业技术体系创新仍然细化为单个小团体推进，产业技术创新的集成化和体系化仍然不够，产业技术的单位分割、学科专业分割、产业链条分割的问题仍很突出，在产业集成创新上缺少多学科团队的协同创新和技术集成转化，产业技术创新链没有形成，受某些环节技术创新滞后的制约，产业技术创新不够均衡，现代产业技术体系建设相对缓慢。

科研管理重计划轻市场。农业科研体制还存在不完善的地方，例如农业科技教育供给资源渠道过于单一，供应量也不足；科技管理体系条块分割、多头管理、机构重复、力量不集中，学科组织缺乏活力，创新机制的吸引力不够；农业科研过分偏重于产中技术，对产前和产后支持不够；农

业科技开发与管理与现有的市场化和产业化的机制不协调，政府对科研成果急功近利，使科学研究不能集中精力地深入研究；农业科技成果管理相对混乱难以有效地进入市场；农业科研协调与组织不力导致课题重复或分散现象时有发生；中央与地方政府在科研项目管理政策上的不协调导致不是管得太死就是放羊式管理；科技队伍建设也存在断层或老化；科技工作者待遇不高，科研积极性不强；科研经费分配不合理导致经费太多的花不了或缺乏经费不能正常运转；农业科学研究立题机制不健全存在课题分配不合理，出现重点不突出或者分配太过于集中难以达到预期的研究效果等问题，所以亟待研究建立适应市场经济规律的科技管理体制与运行机制。

建立有活力的现代科技管理制度是农业科技跨越发展的核心和关键措施。我国目前还缺乏有效的科技积累与科技资源共享机制。科技管理体制存在着重项目、轻基地和机构能力建设，重物不重人、重课题不重知识积累的现象。学术界内部未能形成良好的交流与合作机制，存在着一定程度的学术封锁。分散在各个科研院所的科技资源难以实现有效共享，造成巨大的人力和财力浪费。因此，要使河南省农业科技出现跨越式发展，需要针对农业知识创新中创新能力不强、实验条件较差、信息交流不畅、数据资源难以共享等突出问题，整合现有科技条件资源，集中投入，建立具有开放性、共享性的现代科技管理制度。

## 三、对项目实施指导和监督不足

一是部分科技惠民项目示范带动作用未能充分发挥。在科技惠民项目调研中发现，有些项目有非常好的可推广的技术成果，却未充分发挥出科技惠民专项的示范带动作用。其原因主要是项目依托企业对项目不够重视、项目实施方法不当，特别体现在一些传统优势产业上。如罗山县的"茶园化肥农药减施增效集成技术示范与推广"项目的依托企业罗山县灵山茶业有限责任公司是全国科普惠农兴村的示范基地，承担了多个政府支持项目，调研时把科技惠民项目和其他项目混为一体。宁陵县"宁陵酥梨腐烂病与梨木虱防控技术示范与推广"项目依托单位沃丰源生态农业有限公司的项目负责人甚至对项目的实施内容都不很清楚，严重影响了项目发挥作用。宜阳县的红薯新品种示范推广项目依托企业洛阳金薯王农业科技有限公司于 2019 年三四月份完成脱毒红薯原种繁育基地 5 亩，引进新品种 5 个，建立脱毒红薯原种繁育基地 30 亩，累计繁育品种 15 个，但项目实施点没有建立项目推广基地，周边农民对企业繁育新品种不够了解，项目的示范推广作用没有充分发挥，科技支撑产业发展的作用也没有充分体现。这也说明当地科技管理部门缺乏对项目的有效指导。

二是部分项目资金使用不规范。项目依托单位在执行项目时存在财务管理不规范的情况。主要表现在：没有按规定实行专账核算，与单位业务经费混收混支，既混淆了资金性质，又难以保证专款专用；项目资金使用时没有按照科技惠民计划项目资金管理办法来进行管理，如把职工工资列入项目支出等；有的企业由于对资金使用范围不了解，导致正常项目支出小心翼翼，不敢使用，影响项目正常进行。存在这些问题表明，当地科技管理部门对项目资金的监督不够。

## 四、县级科技管理部门职能弱化

县域科技管理部门撤并现象严重，原来县域科技管理机构独立设置的占 49％，十九届三中全会启动的机构改革后独立设置的仅占 7％，不仅机构撤并严重，并入工业信息化局等机构后，科技管理部门熟练业务的人员也流失严重，新接手人员对科技工作不熟悉。这种情况一方面导致经费下拨不畅，如周口市商水县、淮阳县、扶沟县省级经费还未下拨；另一方面个别县级科技管理部门把项目经费拨给依托单位后就放手不管，不掌握项目的实施情况，对项目的实施不指导，不监管。监管的弱化导致个别项目依托企业对科技惠民专项不重视，对项目的实施内容不了解，甚至把科技惠民专项与其他项目的实施内容混为一体，影响项目发挥作用。

## 五、创新环境营造力度不够

### (一) 大学与科研院所知识创新功能有待加强

截至 2017 年底，河南省现有普通高等院校 129 所，省属科研院所 106 家，大学与科研院所数量规模相对较大。但河南省高校与科研院所知识创新功能不足。一是一流高等院校缺失。河南省没有教育部直属的 985 高校，仅有一个 211 重点高校；相比于湖北省，河南省的高等教育差距较大，湖北省有 2 所 985 高校，7 所 211 高校，高等教育水平在全国处于领先水平。二是领军人才缺乏。高等教育不发达导致高层次人才集聚困难，截至 2015 年长期在河南省工作的两院院士达到 23 人，而湖北省的两院院士达到 71 人。三是高校或科研院所与企业之间的合作数量与合作质量有待提升。大学或科研院所与企业的主要合作是技术交易与技术服务，较少实际深入开展合作。

## （二）科技对外开放与合作不够活跃

河南省科技创新对外开放合作不够活跃。2017 年，河南技术市场输出合同数为 5 878 项，涉及金额 76.8 亿元；而湖北技术输出合同数为 24 444项，涉及金额 1 033.1 亿元。2017 年流向河南省的技术合同数为 7 473项，涉及金额 202 亿元；而湖北的数字分别为 15 736 项与 677.8 亿元。2017 年，河南国外技术引进合同 32 项，涉及金额 0.5 亿美元；而湖北高达 187 项，金额为 12.6 亿美元。对外开放与合作的不活跃影响了河南省自主创新体系通过开放合作快速提升的步伐。

## （三）科技投融资体系不健全

科技投融资体系主要功能在于为创新企业提供资金支持，包括银行贷款支持、证券融资、风险投资、技术产权市场交易、社会民间资本支持等。2017 年，河南省规模以上工业企业研发经费的主要来源是企业自有资金、政府资金、境外资金与其他资金分别占资金总数（472 亿元）的 96.8%、2.3%、0.03% 与 0.8%。这表明创新企业的研发资金来源主要还是企业自有资金，银行贷款、风险投资、民间资本等并没有较大地参与企业创新。政府财政资金支持虽然占有一定比例，但是相对于数量庞大的创新型企业来说只能是杯水车薪。许多中小型创新企业更难以从银行贷到款项，也较难获得政府资金的支持。

# 第九章　河南省乡村创新体系建设
## 政策效应评价

上一章重点分析了地方政府作为创新环境的营造者、创新资金投入的提供者、创新载体建设与活动开展的组织者等角色在乡村创新体系建设中的重要作用。但地方政府作为一个特别与众不同的主体，其更多的作用是调节创新活动，发挥乡村创新活动的宏观调控作用。地方政府调节创新活动除了运用资金投入外，更主要的手段是制定创新政策与监督实施。因而，本章对河南省乡村创新政策发展状况进行梳理，并对其实施效应进行评价。

## 第一节　河南省乡村创新体系政策

对区域创新政策的效应进行统计分析是比较困难的，目前大多数政策研究仍然停留在对特定的政策内容或效应进行定性研究，少数的量化研究主要是通过间接的创新指标对政策进行评估[①]。截至目前，专门针对乡村科技创新的政策较少，少数针对农业科技园区、"星创天地"、科技扶贫的政策并不能涵盖乡村创新体系建设的总体。但是，科技及相关管理部门制定的科技创新相关政策却包含了乡村创新的内容。

在第六章已经阐述，乡村创新政策是指地方政府为了在本辖区内营造创新环境，促进创新活动开展，引导和规范乡村创新主体行为而制定并实施的各种条例、办法、意见、规定、通知及其他政策性文件的总称，涉及税收、金融、人才、产业等各个方面的政策。乡村创新政策目标包括：促进乡村创新环境优化、促进创新成果产生扩散并提升区域创新能力、促进乡村人力资源发展、促进科技成果产业化。按政策目标，乡村创新政策可分为直接鼓励政策（主要是财政、金融政策）和间接支持政策（主要包括创新基础设施建设、中介服务体系建设、科技体制机制改革与建设、知识产权保护）两个方面。

---

① 刘凤朝，孙玉涛．我国科技政策向创新政策演变的过程、趋势与建议——基于我国 289 项创新政策的实证分析 [J]．中国软科学，2007，5：34 - 42.

本章主要分析的创新政策是 2005—2019 年河南省人大省委省政府或科技管理部门制定、颁布实施的农业农村科技方面的法律法规、重大方针以及规范性文件等，包括以中央机关文件为基准制定的实施意见或细则、省人大省委省政府、省科技厅、省科技厅会同财政厅等相关部门根据河南省科技创新发展需要而制定的政策、法规等，包括直接转发的中共中央国务院、科技部、财政部、国家税务总局、海关总署等中央机关颁布的政策；不包括河南省省直机构或省辖市（18 个地级市）颁布的科技创新政策。

## 一、政策总体状况

### （一）政策效力状况

政策效力是指政策的法律效力，它与政策颁发部门的等级层次相对应，不同部门颁发的政策的效力不同。一般说来，同级政府部门中，人民代表大会或常务委员会颁布的法律条文的效力要大于同级党委政府颁布的政策法规，而党委政府颁布的政策效力又大于政府相关部门的规章制度。

表 9 - 1　2005—2019 年河南省乡村创新政策

| 序号 | 政策法规名称 | 颁布时间 | 颁布机关 | 政策法规主要内容 |
|---|---|---|---|---|
| 1 | 河南省农业科技成果转化资金项目管理办法 | 2005 年 1 月 4 日 | 河南省人民政府 | 转化资金支持的对象、方向，审核监督部门的设立 |
| 2 | "创新型科技团队"认定及管理办法 | 2007 年 8 月 31 日 | 河南省科学技术厅 | 创新团队的工作目标、基本条件、人员组成 |
| 3 | 河南省百千万知识产权人才工程实施方案 | 2009 年 12 月 14 日 | 河南省科技厅 | 为在 2015 年设立一支知识产权人才队伍，省知识产权局，资源保障厅等进行选拔人才培养对象，每年举办人才培训研讨班，加大对知识产权人才财政投入 |
| 4 | 河南省科技型中小企业创新资金项目管理办法 | 2010 年 2 月 3 日 | 河南省科技厅 | 省技术创新资金的支持条件、范围、支持方式，监督管理内容，实施前后企业整体发展变化 |
| 5 | 中共河南省委　河南省人民政府　关于增强自主创新能力建设创新型河南的决定 | 2010 年 2 月 3 日 | 中共河南省委、河南省人民政府 | 实施自主创新跨越发展战略是必然的选择；实施《河南省中长期科学和技术发展规划刚要（2006—2020 年）》；建立和完善区域创新型体系；实施对高新技术产业优惠税收政策 |

（续）

| 序号 | 政策法规名称 | 颁布时间 | 颁布机关 | 政策法规主要内容 |
|---|---|---|---|---|
| 6 | 河南省省级重点实验室管理办法 | 2010 年 12 月 3 日 | 河南省科学技术厅 | 实验室是全省科技创新体系重要组成部分；其管理机构、组建与立项条件；运行管理；考核与奖惩 |
| 7 | 河南省社会力量设立科学技术奖管理办法 | 2012 年 4 月 28 日 | 河南省科学技术厅 | 科学技术奖的申请与受理；审查与登记 |
| 8 | 河南省人民政府办公厅关于推动全省都市生态农业发展的指导意见 | 2014 年 10 月 24 日 | 河南省人民政府办公厅 | 发展都市生态农业的重要意义、发展思路，培育壮大新型农业经营主体 |
| 9 | 河南省人民政府关于促进高新技术产业开发区发展意见 | 2014 年 12 月 30 日 | 河南省人民政府 | 着力集聚创新资源，围绕战略目标和产业发展需求，完善创新链；壮大创新创业人才队伍，推进科技成果转化；优化配置土地资源等 |
| 10 | 河南省人民政府关于发展众创空间推进大众创新创业实施意见 | 2015 年 6 月 6 日 | 河南省人民政府 | 加快构建众创空间；大力发展科技企业孵化器；降低创新创业门槛；鼓励大学生创新创业等 |
| 11 | 国务院办公厅关于加快转变农业发展方式的意见 | 2015 年 8 月 18 日 | 国务院办公厅 | 将粮食生产能力作为最为首要前提，到 2020 年转变农业发展方式，多种形式的农业适度规模经营加快发展，农民收入持续增加；到 2030 年农业发展方式取得显著成效；强化农业科技自主创新，提升科技装备水平和劳动者素质 |
| 12 | 河南省人民政府关于加快产业集聚区提质转型创新发展的若干意见 | 2015 年 9 月 26 日 | 河南省人民政府 | 优化完善规划布局，促进产城互动发展；培育壮大产业集群，提升产业竞争优势；健全公共服务平台体系等 |
| 13 | 国务院关于实施支持农业转移人口市民化若干财政政策的通知 | 2016 年 9 月 8 日 | 国务院 | 农业转移人口的总体要求、基本原则政策措施 |
| 14 | 国务院关于印发全国农业现代化规划（2016—2020 年）的通知 | 2016 年 10 月 17 日 | 国务院 | 大力推进农业现代化，制定 2016 年到 2020 年的农业现代化规划 |
| 15 | 国务院办公厅关于支持返乡下乡人员创业创新推进农村一二三产业融合发展的意见 | 2016 年 11 月 30 日 | 国务院办公厅 | 返乡下乡人员突出重点领域和发展方向；政策措施，组织领导 |

（续）

| 序号 | 政策法规名称 | 颁布时间 | 颁布机关 | 政策法规主要内容 |
|---|---|---|---|---|
| 16 | 河南省人民政府办公厅关于印发河南省"十三五"农业和农村经济发展规划的通知 | 2017 年 2 月 7 日 | 河南省政府办公厅 | 河南省"十三五"农业和农村经济发展规划 |
| 17 | 农业部 国家发展改革委 财政部关于加快发展农业生产性服务业的指导意见 | 2018 年 1 月 10 日 | 农业部 国家发展改革委员会 | 农业生产性服务的重要意义、总体要求；积极拓展服务领域、大力培育服务组织；不断创新服务方式 |
| 18 | 关于推进乡村振兴战略的实施意见 | 2018 年 3 月 28 日 | 河南省委人民政府 | 实施乡村振兴战略的总体要求、重点任务、保障措施 |
| 19 | 河南省科技支撑乡村振兴三年行动计划 | 2018 年 10 月 31 日 | 河南省人民政府 | 明确提出科技支撑乡村振兴的目标与工作重点方案 |
| 20 | 河南省科技扶贫三年行动计划实施方案 | 2018 年 6 月 | 河南省科学技术厅 | 科技扶贫的总体思路、目标与工作方案 |
| 21 | 关于印发《河南省省级现代农业产业园建设指引（试行)》的通知 | 2019 年 8 月 21 日 | 河南省农业农村厅财政厅 | 有序推进省级现代农业产业园创建；围绕"四优四化"和"两个转型升级"进行产业选择等具体通知 |

注：根据《河南科技年鉴》以及科技厅网站查证得出。

由上述分析可以看出，河南省科技创新政策的效力不高，由国务院或办公厅颁布的政策很少，仅占 4 件；由国家部委、河南省委、省政府单独或联合发布的政策文件有 10 件；由河南省农业厅、科技厅会同其他相关部门联合发布的政策性文件 7 件。效力等级不足使得一些文件难以形成较强的社会强制力或执行力，并且稳定性和权威性较低。

## （二）政策内容状况

根据第六章对区域创新政策的分类，把其分为财税政策、金融政策、基础设施供给政策、创业类政策、人才及中介服务政策、科技管理体制机制政策等。

基础设施供给政策主要表现为完善基础设施，特别是信息基础设施建设的政策法规，以适应知识经济和以信息化带动工业化发展战略的要求。基础设施建设政策涉及的基础设施包括诸如信息网络、数据库、重点实验室、开发园区等，既是技术创新所必要的基本条件，也是技术扩散的重要渠道。河南省颁布了许多基础设施供给方面的政策，如《河南省重点实验室管理办法》《河南省省级现代农业产业园建设指引（试行）》《产业集聚区提质转型创新发展的若干意见》等。

科技体制机制改革政策主要包括科技机构、科技计划管理、科技成果转化等方面的制度建设与改革发展。如在科技体制改革方面，制定了《关于加快转变农业发展方式的意见》《关于加快发展农业生产性服务业的指导意见》等。

鼓励创业类政策是近两年新出的政策，主要见于《关于发展众创空间推进大众创新创业的实施意见》《河南省"互联网＋"行动实施方案的通知》《关于推进云计算大数据开放合作的指导意见》《关于进一步激发高校科技创新活力提高支撑经济社会发展能力的实施意见》等。

人才与中介服务体系政策旨在培育创新型人才与建设和完善区域创新中介服务体系，建设和完善区域内科研服务、人力资源、科技创业投资、信息、知识产权等公共服务平台。人才与中介服务体系政策一般与鼓励社会投资的金融、财税等政策配合使用，如《"创新型科技团队"认定及管理办法》《关于实施支持农业转移人口市民化若干财政政策的通知》等。

财税政策包括对区域创新活动的财政投入政策与税收政策两个方面。财政投入政策主要表现为政府财政对创新活动、创新成果转化等方面的财政投入，一般通过各级政府预算安排科技经费支出；税收政策一般表现为政府对区域创新活动采取的各种减免税的优惠政策。河南省财税政策措施不多，且有些含在一些综合性的政策中。如制定了《河南省科技开发基金管理办法（试行）》《河南省科技三项费用管理办法》《河南省农业科技成果转化资金项目管理办法》《河南省企业研究开发费用认定管理实施意见（试行）》《企业技术创新资金项目管理办法》等。

金融政策主要包括融资政策和风险分担政策。融资政策主要解决创新活动行为主体创新活动资金短缺问题，鼓励金融机构贷款向企业创新活动倾斜。风险分担政策主要解决创新活动的风险分担问题，建立风险投资主体与企业和创新行为主体风险分担机制，如对创新项目的商业贷款进行担保，建立再担保机制等。河南省金融政策大多内含于一些综合性政策中，较少有专门针对金融对科技的支持政策。

应该说明的是，一些综合性政策包含了上述政策内容。如《河南省中长期科技和技术发展规划纲要（2006—2020年）》《河南省自主创新体系建设和发展规划（2009—2020年）》等一些综合性政策就包含了农业农村科技创新税收、财政、贸易、金融、知识产权、创新企业培育、开发区建设、科技管理体制机制改革、科技计划管理等一些政策内容。

## 二、政策演变情况

本书把河南乡村科技创新政策的演变过程分为三个阶段，其中 2005 年之前是第一阶段，2005—2017 年是第二阶段，2017 年之后是第三阶段。2005 年、2017 年是时间分界点，划分依据是两个重要文件。2005 年 10 月通过的《中共中央关于制定国民经济和社会发展第十一个五年规划的建议》，提出了建设社会主义新农村的重大历史任务，并于 2006 年出台中央 1 号文件《中共中央国务院关于推进社会主义新农村建设的若干意见》，为未来较长时期的"三农"工作指明了方向。2017 年党的十九大提出乡村振兴战略，2018 年中央 1 号文件《中共中央　国务院关于实施乡村振兴战略的意见》对实施乡村振兴战略提出总体框架与发展思路。这两个文件尽管规定的是新农村或乡村的发展内容，但里面涵盖了科技创新发展的内容。

### （一）2005 年之前工农科技政策混合阶段

2005 年之前省级出台的政策文件没有具体把农业农村科技政策单独列出来，大多是依据中央相关部门政策来制定相应配套政策。这一时期国家科技政策开始注重科技成果的转化，注重推进民营科技企业的发展，一部分涉农民营科技企业获得快速发展。河南省科技政策也多集中于这些方面，也密集出台促进民营科技企业发展的相关政策，先后出台了《关于加快高新技术研究开发与产业化的通知》《河南省扶持高新技术产业发展的若干规定》《河南省发展民营科技企业条例》《关于贯彻〈中共中央　国务院关于加强技术创新，发展高科技，实行产业化的决定〉的实施意见》《关于进一步加快经济技术开发区发展的若干意见》等政策；出台了《河南省科学技术进步条例》《关于加强知识产权工作促进技术创新，提升产业竞争力的意见》《关于加强科技创新，促进中原崛起的意见》，着力加大科技成果转化，实现科技与经济的融合发展。制定颁发了《河南省科技三项费用管理办法》等。这些政策对农业农村科技成果转化、科技企业发展等也适用。

### （二）2006 年至 2017 年的创新体系建设阶段

这一时期，国家科技政策已经转向国家创新体系与区域创新体系建设，注重自主创新能力的提升。响应国家政策号召，结合河南省实际情况，河南省出台颁布了《关于增强自主创新能力　建设创新性河南的决定》《河南省中长期科技和技术发展规划纲要（2006—2020年)》等重要科技政策法规，标志着河南科技创新政策的重点转向了区域层面，转向了创新政策，转向了注重创新能力提升。农业领域也开始注重农业科技园区建设、农业创新主体建设等。出台了《河南省科技型中小企业技术创新资金项目管理办法》《关于加强企业研发中心建设提高企业创新能力的意见》《河南省创新型科技人才队伍建设工程实施方案》《创新型科技团队认定及管理办法》《中原学者遴选及管理办法》《河南省科技创新人才计划管理办法》等政策法规，旨在通过培育企业技术创新能力与加强创新人才管理来提升区域创新能力。其中，乡村创新体系建设蕴含在《河南省自主创新体系建设和发展规划（2009—2020年)》文件之中，该文件提出的9项具体的建设措施，包括激励科技人员创新创业、促进产学研紧密合作、加速科技成果转化、建设自主创新人才队伍、强化对自主创新的税收激励、加大对自主创新的金融支持、进一步增加对自主创新的投入、加强知识产权的创造、应用和保护等也适用于农业创新体系建设。

### （三）2017年以后创新创业蓬勃发展阶段

2015年国家陆续出台一些创新创业发展的政策措施，如国务院办公厅《关于发展众创空间推进大众创新创业的指导意见》、国务院《关于加快构建大众创业万众创新支撑平台的指导意见》等，开始全面注重创新创业能力的提升。在农业农村创新体系建设方面，国家提出了建设"星创天地"等创业孵化载体。河南省贯彻落实国家政策方针，出台若干相应的指导意见措施，主要见于《河南省科技支撑乡村振兴二件行动计划》《河南省科技扶贫三年行动计划实施方案》两个文件。这一时期，河南开始加大对省级农业科技园区建设与评估力度，推动乡村创新体系建设快速发展。

# 第二节　河南省乡村创新政策的效应评价

在了解河南省乡村创新政策的发展演变以后，本节对2015—2019年河南省委省政府或科技管理部门颁布与实施的乡村创新政策的效果进行评价。目的在于评价现行河南省乡村创新政策的实施效果，发现政策实施的不足。

## 一、关于区域创新政策评价的实证研究

对区域创新政策的研究多是定性的描述性研究，实证研究相对较少。

近年来一些学者基于不同方法对创新政策进行一些实证研究，主要有以下研究。宁凌、汪亮、廖泽芳（2011）[①]利用 DEA 分析法，从政策投入和政策产出两方面构建高新技术产业政策评价指标体系，对广东省高新技术产业政策绩效进行了评价。认为广东省高新技术产业政策整体有效，改善自主创新政策是提升产业政策综合绩效的关键因素。该文实际上是对广东省高新技术产业政策投入产出政策的效率进行评价。

郭强（2012）[②]基于现有研究成果，建立一套科技创新政策评价指标体系（包括投入指标、需求指标、环境指标），利用 2000 年和 2009 年相关数据，对全国的 31 个省级地区采用模糊数学理论和熵值法对科技创新政策的效果进行定量评估。结果显示，各地区科技创新政策的实施效果表现出一定的共性，但由于区域差异，政策效果也具有明显的差异。其中，北京、上海、广州排名前三甲。该文实际上是对省级地区科技创新政策实施的结果进行排名，不是针对某一特定区域从科技政策不同维度对政策实施效果进行的评价。

肖士恩、陈娜（2009）从纵向和横向两个角度，运用定量定性结合的比较研究方法对河北省科技创新政策进行评估。结果显示，在横向上河北省科技创新政策效果不明显，相关指标与北京市相比有较大差距；在纵向上，河北省科技创新政策效果较好，主要指标在五年之间发生了较大变化。该文利用了前后对比法、横向比较法，但指标选择、指标权重的设置方面存在随意性。

彭纪生、仲为国、孙文祥（2008）[③]以技术创新政策为案例，运用政策定量方法，对政策协同与经济发展之间的关系进行了实证研究。认为中国技术创新政策正逐渐改变过去那种单纯依靠行政措施等单一手段来实现政策目标的做法，正在综合使用多项措施，通过打出"组合拳"来推动技术创新能力提升；同时认为创新政策协同对经济绩效有显著的促进作用，并不是协同性越强经济绩效就越好。

蒋栋、李婷、李志祥（2009）[④]通过问卷调查的形式获取基础数据，运用灰色关联度分析方法，对河北省自主创新科技政策（主要是政府采购

① 宁凌，汪亮，廖泽芳. 基于 DEA 的高技术产业政策评价研究——以广东省为例 [J]. 国家行政学院学报，2011（2）：99-103.

② 郭强. 基于省级数据的区域科技创新政策评估 [J]. 统计与决策，2012（3）：81-84.

③ 彭纪生，仲为国，孙文祥. 政策测量、政策协同演变与经济绩效：基于创新政策的实证研究 [J]. 管理世界，2008（9）：25-36.

④ 蒋栋，李婷，李志祥. 自主创新科技政策在河北省的实施效果评价 [J]. 中国软科学增刊（上）：88-93.

政策）实施效果进行了评价。研究结果发现，政府采购政策对企业技术创新影响较大，研发费用扣除政策次之，消化吸收政策影响最小。该文对分析省级地区自主创新科技政策的实施效果具有重要的借鉴意义。

罗山等（2010）[①]在分析当前对自主创新政策法规体系评估方法的基础上，综合运用了评估组内部头脑风暴、社会走访座谈以及调查问卷等方法，对珠海市自主创新法规体系的效果进行了评估。结论显示，珠海市自主创新政策法规体系总体上实施状况良好，但也存在着宣传力度不足、操作性不强等制约因素。该文对评价区域创新政策体系有较好的借鉴意义，尤其是运用多种方法，从不同角度来评价区域创新政策体系值得借鉴。

由上可知，现有文献对区域创新政策的评价在评价方法的选择上分为对综合性政策的评价与对单项政策的评价。对综合性政策的评价方法主要有表层次分析法、调查问卷统计法、专家会议法、对比研究法等；对单项政策评价的方法主要有前后对比法、成本法、调研分析法、计量经济模型法等（肖士恩，2010）。从评价对象上看，多是对政策实施的效果进行评价、较少对政策实施过程与政策溢出效应进行评价。

不仅如此，上述文献还有一个重要的不足之处就是，不明确评价的主体，即谁是评价者。这一问题很重要，因为不同的评价者对区域创新政策的评价是不一样的。上述研究没有明确谁是评价主体，并且很少有研究站在企业这一立场上对科技创新政策进行评价，即缺乏以农业企业作为评价者来评价乡村创新政策实施情况。

## 二、评价对象与方法

### （一）评价对象

之所以选择 2015—2019 年的乡村创新政策主要是因为 2015 年以后乡村创新政策的主要目标发生了变化，相应的政策措施也作了调整。在政策目标上，政策主要以提升乡村自主创新能力为目的。一是更加注重乡村层面的创新，注重乡村内各种创新主体的交流合作，共同促进创新型河南建设；二是注重自主创新，注重自主知识产权的获得与成果转化。在政策措施上，更加侧重综合性措施的制定；注重财税政策与基础设施供给政策的制定。同时，政策是有时滞效应的，但时滞效应的期限不会太长，2015年以后的若干政策正陆续发挥出其应有的作用。

---

① 罗山，杨正洺，邓伟东，等. 珠海经济特区自主创新政策体系实效评估暨优化 [J]. 科技管理研究，2010（9）：66-69.

由于政策作用的主要对象是农业科技企业，因而本书以农业科技企业为调查对象，考察农业科技企业对这些政策的了解、理解与效应获得情况。

**（二）评价方法**

由于本章评价的是 2015—2019 年河南省颁布实施的乡村创新政策，是一种综合性的评价，而且由于数据来源于统计调查所得，因而在方法上，选择主成分分析法较好。

## 三、问卷设计

根据张钢、徐乾（2010）的研究，对创新政策的绩效评价可以从政策效果、政策过程、政策溢出三个方面进行。而站在农业科技企业的立场上，这些政策对农业科技企业的支持作用实际上就是这些政策的效果。这些政策对农业科技企业的支持主要表现在获得财政项目资金支持、获得税收优惠、获得金融贷款支持、获得政府采购支持、获得科研平台建设支持、获得人才引进支持、获得更好的科技信息中介服务、获得更好的政府信息支持或管理服务、获得合作交流支持等。因而，可以从这些方面来考察创新政策的效果。而对于政策过程，依据张钢、徐乾（2010）的研究，可以从政策满意度、公平性、关联性等来考察。对于政策溢出，可以从企业合作创新状况、专利保护状况、人员流动状况等方面来考察。

站在政策效果的受益者（企业或农户）立场上评价乡村创新政策，可以从以下几个方面来进行，一是政策实施后企业获得的直接效应，即获得的来自政策税收优惠、财政补贴、金融机构贷款、政府采购、贸易促进、知识产权保护等效应。二是政策实施后的投入激励效用，即政策对企业增加创新投入的激励效应。三是政策实施后的产出效应，即政策对企业增加创新成果产出的贡献。四是政策实施后，企业所获得良好的服务效应，即政策实施后其他创新主体对创新投入增加，导致其他创新主体对企业创新服务增加。当然，企业也可以对政策实施的社会效应与过程效应进行评价，其中社会效应主要评价创新政策对区域社会生活的作用效果；过程效应主要是评价创新政策制定的公平性、关联性以及总体满意度。

借鉴张钢、徐乾（2010）的研究成果，本书设计调查问卷，详见附表1。

问卷包括三个部分，第一部分主要是企业的基本情况描述，包括对企业类型、是否高新技术企业、所属行业、回答者身份与学历、企业人数与当年销售额等基本信息。第二部分是调查的主题，是单项选择题，重点调查企业对 2015—2019 年之间的科技创新政策对本企业的影响效应、对行业与社会的影响效应，以及政策本身的过程效应评价。第三部分是多项选择题，是对政策未发生作用的表现、原因、今后改进措施等进行调查。

其中，第二部分第一个问项是判断被调查者对河南省乡村创新政策的了解掌握程度的，是对问卷进行筛选的一个重要依据，本书把选择 A"不了解"或者 B"不太了解"的问卷剔除。原因很明显，对科技创新政策不熟悉，不可能对此作出较客观公正的评价。第 2—4 个问项是对相关政策实施后企业相应的产出效应；第 5—7 问项是考察相关政策实施后企业相应的投入效应；第 8—13 问项是检测相关政策实施后企业相应的创新风险降低效应；第 14—18 问项测评相关政策实施后企业感受到的外部市场变化效应；第 19—20 问项是对政策的过程进行评价；第 21 问项是对政策的社会效应进行评价。

## 四、数据收集与样本特征

### （一）数据收集

依据前文描述，本书的调查对象是河南省境内的农业科技创新企业。为了方便取样，2020 年 5 月课题组利用问卷形式对河南省农业科技企业进行问卷调查。要求问卷填写者为企业高层管理人员或科技创新部门经理。问卷回收后，经过筛选，选出有效问卷 285 份。

### （二）样本特征

在有效的企业样本中，从企业所有制类型来看，国有或集体企业 53 家，占 18.6%；外资企业 24 家，占 8.4%；民营企业 151 家，占 53%；股份制有限企业 57 家，占 20%。

从企业从业人员规模来看，少于 50 人的企业 65 家；50～99 人的企业 93 家；100～199 人的企业有 72 家；200～499 人的企业 33 家；500 人以上的企业 22 家。

从涉及的行业来看，种植企业 158 家，占 55%；畜牧业企业 73 家，占 26%；林业企业 35 家，占 13%；其他企业 19 家，占 7%。

从企业年销售收入来看，年销售收入低于 1 000 万元的小型企业占 118 家，占 41.4%；1 000 万元至 1 亿元的中小型企业 94 家，占 33%；1 亿元至 10 亿元的大中型企业 54 家，占 19%，10 亿元以上的大型企业 9 家，占 3%。

问卷填写人员中，35% 的是高层管理人员，60% 的是高级技术管理人员，5％的是其他人员。这些人员中，学历是大专及以下的占46％，本科占38％，硕士占10％，其他人员占6％。

## 五、分析结果

从第二部分单项选择题的第2个问项开始，到第21个问项为止，共选出23个变量，分别命名为 $X_1$，$X_2$，…，$X_{23}$。每个变量的五个选择项分别赋值1、2、3、4、5。这样，根据问卷填写情况可以得到一个数据表，我们用此数据表做主成分分析。

运用 SPSS21.0 软件做主成分分析。KMO 值为 0.924，而且巴雷特球形检验值为 3234，显著性水平为 0.000，小于 0.001，比较适合做主成分分析。按照特征值大于1的原则，提出了6个主成分，这6个主成分能够代表原来23个变量的68.89％的信息，见表9-2。

表9-2 方差贡献表

| 主成分 | 初始特征值 | | | 旋转后特征值 | | |
|---|---|---|---|---|---|---|
| | 特征值 | 方差贡献率 | 累计方差贡献 | 特征值 | 方差贡献率 | 累计方差贡献 |
| 1 | 9.03 | 39.262 | 39.262 | 4.167 | 18.119 | 18.119 |
| 2 | 1.615 | 7.022 | 46.284 | 2.694 | 11.713 | 29.832 |
| 3 | 1.514 | 6.581 | 52.865 | 2.453 | 10.667 | 40.499 |
| 4 | 1.39 | 6.044 | 58.909 | 2.266 | 9.854 | 50.353 |
| 5 | 1.18 | 5.129 | 64.038 | 2.162 | 9.399 | 59.752 |
| 6 | 1.116 | 4.854 | 68.893 | 2.102 | 9.141 | 68.893 |

如表9-2所示，旋转后的第1个主成分的特征值为4.167，解释了所有23个变量信息的18.12％，第2至第6个主成分的特征值分别是2.69、2.45、2.27、2.16、2.10，方差贡献分别为 11.71、10.67、9.85、9.40、9.14。

上述6个主成分的载荷如表9-3所示。主成分 $F_1$ 在 $X_1$、$X_2$、$X_3$、$X_4$、$X_5$、$X_6$ 上的载荷较大，均超过0.7。这6个变量与附表3中的第二部分的第8个问项到第13个问项相关，这些问项测量的是创新政策对科技企业的税收、金融、政府采购、财政专项资金、贸易、知识产权保护方面的等作用效应，政策的这些效应无疑降低了企业科技创新的风险或成本，因而本书命名第一个主成分为政策成本效应。

表 9-3　旋转后的主成分上的载荷

| 变量 | 主成分 $F_1$ | 主成分 $F_2$ | 主成分 $F_3$ | 主成分 $F_4$ | 主成分 $F_5$ | 主成分 $F_6$ |
|---|---|---|---|---|---|---|
| 税收 $X_7$ | **0.772** | 0.164 | 0.173 | 0.129 | 0.209 | 0.104 |
| 采购 $X_8$ | **0.738** | 0.14 | 0.132 | 0.114 | 0.136 | 0.154 |
| 金融 $X_9$ | **0.75** | 0.234 | 0.126 | 0.141 | 0.16 | 0.152 |
| 专项 $X_{10}$ | **0.767** | 0.147 | 0.183 | 0.099 | 0.178 | 0.149 |
| 贸易 $X_{11}$ | **0.707** | 0.175 | 0.207 | 0.169 | 0.064 | 0.175 |
| 保护 $X_{12}$ | **0.707** | 0.161 | 0.262 | 0.165 | 0.164 | 0.106 |
| 科技服务 $X_{13}$ | 0.114 | **0.775** | 0.136 | 0.082 | 0.06 | 0.168 |
| 政府服务 $X_{14}$ | 0.143 | **0.745** | 0.077 | 0.121 | 0.169 | 0.19 |
| 市场交易 $X_{15}$ | 0.275 | **0.669** | 0.24 | 0.08 | 0.119 | 0.091 |
| 投入增长 $X_{16}$ | 0.362 | **0.621** | 0.089 | 0.127 | 0.2 | 0.184 |
| 人员流动 $X_{17}$ | 0.338 | **0.415** | 0.38 | 0.18 | 0.237 | 0.26 |
| 人员积极性 $X_4$ | 0.274 | 0.217 | **0.738** | 0.079 | 0.063 | 0.164 |
| 合作积极性 $X_5$ | 0.258 | 0.132 | **0.801** | 0.095 | 0.121 | 0.157 |
| 企业投入 $X_6$ | 0.204 | 0.124 | **0.825** | 0.098 | 0.135 | 0.096 |
| 专利产出 $X_1$ | 0.225 | 0.159 | 0.032 | **0.835** | 0.109 | 0.071 |
| 成果转化 $X_2$ | 0.1 | 0.22 | 0.125 | **0.805** | 0.098 | 0.033 |
| 新产品产值 $X_3$ | 0.206 | −0.032 | 0.113 | **0.794** | 0.078 | 0.202 |
| 满意度 $X_{18}$ | 0.185 | 0.048 | 0.059 | 0.088 | **0.805** | 0.193 |
| 公平性 $X_{19}$ | 0.195 | 0.176 | 0.135 | 0.101 | **0.747** | 0.145 |
| 关联性 $X_{20}$ | 0.222 | 0.236 | 0.132 | 0.098 | **0.733** | 0.012 |
| 人们素质 $X_{21}$ | 0.225 | 0.186 | 0.228 | 0.169 | 0.025 | **0.697** |
| 环境保护 $X_{22}$ | 0.192 | 0.206 | 0.081 | 0.02 | 0.194 | **0.765** |
| 人们生活 $X_{23}$ | 0.162 | 0.181 | 0.131 | 0.135 | 0.145 | **0.755** |

注：经过 6 次旋转后得分。

主成分 $F_2$ 在 $X_{13}$、$X_{14}$、$X_{15}$、$X_{16}$、$X_{17}$ 上载荷较大，这 5 个变量与附表 3 中的第二部分的第 14 个问项到第 18 个问项相对应，这些问项测量的是创新政策实施后，科技企业所感受的科技中介机构服务、政府服务、技术市场交易、政府财政投入增长、创新主体之间人员流动等方面的效应，这些效应无疑有助于企业获得一个良好的外部创新服务，因而本书命名第二个主成分为政策服务效应。其中，人员流动变量的载荷为 0.415，没有超过 0.5，可予以删除，表明创新主体之间的科技人员流动仍然不够通畅。

主成分 $F_3$ 在 $X_4$、$X_5$、$X_6$ 上载荷较大，这 3 个变量与附表 3 中的第二部分的第 5 个问项到第 7 个问项相对应，这些问项测量的是创新政策实施后，科技企业内部人员创新的积极性、与高校或科研院所或其他企业合作创新的积极性、创新资金投入增加等方面的效应，这些效应与企业创新投入有关，因而本书命名第三个主成分为政策投入效应。

主成分 $F_4$ 在 $X_1$、$X_2$、$X_3$ 上载荷较大，这 3 个变量与附表 3 中的第二部分的第 2 个问项到第 4 个问项相对应，这些问项测量的是创新政策实施后，科技企业专利成果产出、技术成果转化、新产品产值等方面的效应，这些效应与企业创新产出有关，因而本书命名第四个主成分为政策产出效应。

主成分 $F_5$ 在 $X_{18}$、$X_{19}$、$X_{20}$ 上载荷较大，这 3 个变量与附表 3 中的第二部分的第 19 个问项到第 21 个问项相对应，这些问项测量的是创新政策实施后，科技企业对政策的社会满意度、对政策所涉及主体的公平性、对政策涉及产业的关联性等方面的评价，这些评价与政策制定过程有关，因而本书命名第五个主成分为政策过程效应。

主成分 $F_6$ 在 $X_{21}$、$X_{22}$、$X_{23}$ 上载荷较大，这 3 个变量与附表 3 中的第二部分的第 22 个问项相对应，这些问项测量的是创新政策实施后，科技企业感受到的政策对人们素质提高、环境保护、人们生活水平提高等方面的效应，这些效应与政策的外部社会效应有关，因而本书命名第六个主成分为政策社会效应。

## 六、结果解释

上述分析中，站在科技企业的立场上，我们得出 2015—2019 年河南省乡村创新政策实施后的六个效应，即政策成本效应、政策服务效应、政策投入效应、政策产出效应、政策过程效应、政策社会效应。

依据六种效应对应主成分的特征值的大小可知，2015—2019 年河南省乡村创新政策实施的成本效应最大，占所有效应的 26.3%（主成分 F1 的特征值与六个主成分特征值之和的比重）。这说明河南省乡村创新政策中税收、财政、金融、知识产权保护、贸易、政府采购等政策内容对促进企业创新发挥了很大的作用，它在一定程度上降低了技术创新的成本，分散了农业企业创新的风险。

事实上，这种效应可以看做是政策直接作用于农业科技企业创新的结果，即符合政策奖励条件的科技企业可以直接从这些政策获得的收益，因而这种效应也可以称为是创新政策的直接效应。如果按照政策效应的直接效应与间接效应划分，那么，2015—2019 年河南省乡村创新政策对企业的直接效应是 26.3%。若把其他效应统称为间接效应，那么这些政策的间接效应是 73.7%。

在六种效应中，政策的服务效应次重要，占所有效应的 17%。这表明，2015—2019 年以来的乡村创新政策对促进河南省科技中介机构建设与服务水平提升、促进政府科技管理部门服务水平提高、促进地方政府财政科技投入增长、促进技术市场建设与交易改善、促进科技人员流动等方面有较好的效果。这些效果与河南省科技管理部门持续地对乡村创新体系的长期重视分不开。事实上，河南省围绕乡村创新体系建设，刻意加强了乡村创新主体的培育、乡村创新主体之间的交流与合作、乡村创新成果的转化与农业农村科技管理体制机制的改革，逐渐形成与市场经济相适应的科技管理体制。

政策的投入效应在六种效应中也占有较大比重，占所有效应的 15.5%。这表明政策的引导效应比较好，即政策在较大程度上调动了企业的创新积极性，促使企业增加了相应的创新投入。事实上，政策作用在很大程度上是起着抛砖引玉的引导作用，在由计划经济向市场经济转变的过程中，政府直接投入创新的资金比例可能越来越少，取而代之的是企业应该成为科技创新的投入主体。当然作为乡村创新的主体，企业投入的不仅仅是资金，更多的是人才，企业人才创新积极性的提高无疑有助于乡村创新能力的整体提升。

政策的企业内部产出效应在所有效应中的比重不是特别高，占 14.3%。这表明，这些政策对企业的科技产出效应有一定的促进作用。这些产出效应主要是企业的专利成果产出、成果转化产出、新产品产值产出等。创新政策的产出效应不太高可能的原因在于：企业的这部分科技产出不仅与科技政策的激励有关，而且与企业的创新投入、外部创新环境等因素息息相关。其他因素对企业的创新产出也有较大影响。

政策的过程效应在所有效应中的比重不高，占 13.6%。这表明，站在企业的立场上，企业对科技政策的满意度、公平性与关联性等方面有一定的评价，但评价不是太高。事实上，从调查问卷的第三部分第 2 问项关于政策没有发挥应有作用的原因分析中可知，大多数企业认为科技政策没有发挥作用的主要原因依次是政策可操作性不强、政策措施的协调性不足、政策资源分配不均匀、政策无法调动企业对科技成果转化的积极性等。操作性不强可能是由于这些政策主要是由省委省政府、科技管理部门或科技管理部门会同其他部门制定的，在操作实施上的指导性确实差一些。政策措施的协调性不足可能是既体现在政策制定上，也体现在政策实施上，更主要的是在政策实施的协调方面不足。政策资源分配不均匀主要体现在国有企业在金融贷款、税收减免、财政政策补贴获资助方面要优先于民营企业。政策无法调动企业科技成果转化的积极性主要是企业普遍感到科技成果转化难，需求资金大、风险大，表明政府在此方面还需要加大支持。

政策的社会效应在所有效应中是最低的，占 13.3%。科技创新政策虽然是针对创新的，但创新是社会期盼的，创新政策必然会对社会产生一定的影响。科技创新成果主要是提升人们的素质、改善人们的生活、改善人们的环境，因而创新政策的社会效应就不仅仅表现在对乡村创新体系建设的促进上，更主要的是还对社会产生了积极影响。

除了政策的直接效应，服务效应、投入效应、产出效应、过程效应与社会效应都是政策的间接效应。由于间接效应占很大比重，因而科技创新政策的效应主要是间接效应。

# 第十章　典型国家乡村创新体系建设经验与启示

最近几十年，全球在可耕地和灌溉水资源有限、人口不断上涨的大环境下，农业生产率呈现出快速增长的态势，这主要归功于农业现代化快速发展。许多发达国家在农业科研中投入的大量人力物力都得到了可观的回报率。伴随着互联网的新一轮科技创新，世界科技猛速发展，这些成果都在向农业领域渗透，为提高农业生产效率，促进农业结构改革提供了很大的技术支持。借鉴国外先进农业创新体系建设的经验，并与我国实际相结合，可以启迪河南省乡村科技创新体系建设实践。

国外许多国家并没有专门提出乡村创新体系，而关于农业科技创新体系建设的经验介绍较多，因而，本章介绍国外乡村创新体系建设中，采用的是农业科技创新体系建设的经验。

## 第一节　国外先进农业创新体系建设经验

农业发达国家，如美国、日本、英国等创新体系建设有其特点，对河南省创新体系建设有重要启示。

### 一、美国建设产学结合型农业创新体系

美国农业有着完善的农业科研体系及雄厚的科研实力，是世界上最发达的和最大的农产品出口国，农业科技进步贡献率高达 80%[①]。在农业科技创新体系建设上，美国采用的是典型的产学研结合型农业科技创新模式。

#### （一）政府投资保障农业公共技术研发

美国拥有完善的农业科研体系、合理的分工及良好的运行机制，保障了农业科研活动的高效性。公共研究机构在美国农业科研体系中起着不可

---

① 柏振忠．世界主要发达国家现代农业科技创新模式的比较与借鉴［J］．科技进步与对策，2009，26（24）：39-41．

替代的作用，重点承担具有基础性、探索性、前瞻性的公益性研究，以及难以很快产生经济回报的研究项目。

美国农业是美国研究与开发经费长期投资的重点领域之一。到目前为止，尽管美国用于农业科研的私人投资比重在整个农业科研经费中超过50%，但私人投资的重点只在于能直接应用于生产，具有市场潜力和高额利润的开发性研究上；而对于没有直接经济效益但关系到未来科技发展的基础性研究和应用性研究，则主要依赖政府投资。美国的农业研究投入是按照法令和条例由联邦政府拨款，其投入有四个方向：一是对农业部研究机构和农业研究局等的直接投入，占农业部投入的51%；二是对各州的拨款投入，按法律方案，占农业部投入的30%，主要用于各州农业（包括畜牧业和林业）研究；三是竞争项目拨款，主要用于国家研究计划和小型独立项目，占农业部投入的12%；四是特别项目拨款，占农业部投入的7%。虽然美国的农业科研经费历来充足，但其对农业科研投入的力度仍逐年加大。

## （二）面向市场需求提高农业研究成果转化率

美国非常重视农业科研机构与农业企业、专业协会、农户及相关涉农机构的有机衔接和相互促进。一项新技术由农业研究机构完成后，由专门的推广机构进行简化和中试，然后让给企业、协会和农户应用。同时，企业、协会和农户也把市场和技术需求反馈给农业研究机构，构成了技术创新的良性循环机制，保证了农业科研成果的及时转化。美国农业研究局（ARS）在总部及各区域研究中心都设有成果转化办公室，负责成果的推广和转化工作；同时根据立法，实行由农业部州际合作研究教育与推广局（CSREES）负责协调管理，各州农学院及其56个州的农业实验站为主体的农业推广网络，形成了美国农业科研、教学和推广三位一体的合作机制。

## （三）高校广泛参与农业科技推广体系

美国实行的是以州立大学农学院为主体、县政府参与的农业科研、教育和推广"三位一体"的农业科技推广体系。它的基本特点是以农业院校作为整个推广服务体系的骨干，充分利用农业院校的人才、成果等优势，发挥其在促进科研、教育和推广结合方面的独特作用。

美国农业科技推广"三位一体"的运作模式中，美国的大学农学院起到重要的纽带作用，将科研、推广与生产需求紧密结合起来①。针对农业

---

① 崔春晓，李建民，邹松岐．美国农业科技推广体系的组织框架、运行机制及对中国的启示［J］．农村经济与科技，2012，23（08）：120-123.

推广中出现的问题，及时研究提供最新的农业技术与信息，同时负责培训县级推广工作人员，通过地方农业实验站及示范点，向农民试验示范，形成"科教推"一体化的推广体系。

美国农业部研究中心（ARS）和各州农学院都承担着教育和科研任务，主要职能是创造知识、服务公众。但美国农业部研究中心只研究全国性的、跨地区的基础性农业科研项目，而各州农学院承担的任务主要是为各州自身服务的，但两者的科学家可以相互交流与合作，共同承担一些课题的研究。这些科研机构既存在明确的分工又有广泛的协作。

美国农技推广技术的确定主要是根据农民的技术需求来进行，以县推广站为基础收集农民生产所需技术，并反馈至州推广站，州站组织进一步拟定全州及各县的技术推广内容。或由各专业组的专家根据调研情况来确定推广技术，如畜禽防疫、农作物病虫防治技术等。由州立大学农学院的推广专家牵头，联合农牧场主、农资经销商和县推广员共同组成专家领域推广队伍，共同研究决策推广技术。美国农业推广技术高效的运行方式既体现了农业科技工作规律，又适应了市场经济体制的需求，促进了科研成果向现实生产力的转化，较好地发挥了农业科技资源的效率和效益。

美国农业科技推广服务不仅仅局限于农业生产，农业科技推广的内容包括农业科技服务、家政服务、四健（脑健、手健、心健、身健）青年服务、自然资源和农村地区开发服务等。

农业科技服务是美国农业科技推广的基础和重心，主要面向农村成年男子，内容涵盖产前、产中、产后的各项服务，通过举办农业科技讲座和短期培训班，以及提供经济技术咨询等，向农场主传播最新农业科技成果。通过科技服务帮助农户利用现代化的生产技术和企业经营管理知识，使其更有效地利用生产要素来从事农业生产，从而在保证农产品质量前提下降低农业生产成本，提高劳动效率，并不断开发新的产品。

除了农业科技服务，还有为农村妇女提供的以家政服务为内容的农业科技推广活动，通过家庭示范和家务咨询等，帮助农村妇女学习有关料理家务、饮食营养、服饰衣着、美化环境等方面的知识，改善农民家庭生活条件，提高生活水平。

而为农村青少年开展的推广服务活动的四健（脑健、手健、心健、身健）青年服务，是通过组织 20 岁以下的农村男女青年学习农业知识，给他们提供参加社会生产活动的机会，培养他们对农业生产经营的兴趣，增长实践知识，发展实用技能，成为全面发展的新型农民，为美国农业的持续发展提供保证。自然资源和农村地区开发服务，则是指导农民合理规划、利用土地，保护自然资源和环境，搞好资源综合利用，减少化肥、农药用量，防止水资源的污染，开发社区经济和人力资源，这也有利于美国合理进行农业资源配置，提高农业生产率。

美国是农技推广工作开展较早的国家，自 1862 年以来不断制定新的法案或修正案，以巩固农技推广事业持续发展。美国相继颁布实施了《莫里尔法》《哈奇法案》和《史密斯—利弗法》，严格规定了农业科研的运行机制与经费投入等法律制度，为"三位一体"农技推广模式的建立奠定了坚实的制度保障。之后，美国国会还制定颁布了一系列新法案和修正案以及其他有关农业的法律，形成了比较完整的指导农业合作推广的法律体系，从法律上确保了国家在政策、资金、技术等方面的支持和协调，依法保障了推广事业的健康稳定发展。

## 二、日本以农协为主的农业科技创新体系

### （一）建有完整的农业科技创新体系

日本农业科技研发子系统以国立或公立科研机构、大学和企业为主体。日本的农业科研机构由农林水产省农林水产技术会议直接领导和协调，具有专业齐全、布局合理等特点。直属日本农林水产省的国家级农业科研机构共有 29 个，这些科研机构负责基础性和重大课题的研究。地方公立农业科研机构主要包括都、道、府、县的 47 个农业试验研究中心以及专业性的畜产试验场、茶业试验场、园艺试验场、蚕业试验场等，是区域性应用研究开发性机构，为本区域农业发展提供技术支持。日本的大学，开展基础研究、应用研究等各层次的研究工作。日本民间企业的科技研发在整个农业科技研发中占比较小，大部分以具有良好应用性的开发研究项目为主。

日本农业科技衔接子系统采用既相对独立又密切协作的"双轨"模式，即国家政府农业技术推广机构与民间农协密切结合[①]。国家政府农业技术推广机构具有严格的行政架构体系，中央到地方分别为农林水产省、农政局、农业普及改良中心。其中，农林水产省负责全国农业技术推广的宏观管理和指导，农政局负责具体管理和指导、监督各都、道、府、县一级的农业技术推广工作，农业普及改良中心负责辖区内的农业科技推广事

---

① 顾卫兵，蒋丽丽，袁春新，等. 日本、荷兰农业科技创新体系典型经验对南通市的启示[J]. 江苏农业科学，2017，45（18）：307-313.

业。各级机构职责分明，有效地统筹了全国各地农业技术的推广工作。农协是农民自治组织，是日本农技推广事业的另一支重要力量。农协推广服务遵循"自下而上"的运作途径，基本能做到农民需要什么就提供什么服务。以农协为纽带的农技推广模式，一方面能及时地将科研成果转化为生产力，另一方面，避免了科研推广工作的盲目性，从而提高了效率。在具体农业技术推广方面，农协营农指导员是农业生产第一线的技术普及员。营农指导员首先根据农民的需要设定推广课题，制订推广计划，按计划开展工作，然后进行评估，再将评估结果反馈到下一个推行计划之中。农民在使用新技术的过程中，将遇到的问题和需要改进的具体要求反馈给营农指导员，营农指导员再反馈给专门技术员，最后由专门技术员反馈到有关研究机构，经改进、提高后再通过上述途径反向传回到农民手中。

日本农业科技应用子系统由农户和农业企业两个部分构成。日本农户有着较高的科学素养，对农业科技应用欲望强烈，科技集约化程度较高，科技应用能力较强，单位面积产出率较高。这种高效的小农经济在农业中占据着统治地位，是市场行为的主体。日本农业企业参与农业生产的方式主要有直接方式和间接方式两种。直接方式是通过租用、购买土地，建立养猪场、养鸡场等实体企业，利用农业科技成果从事农业产业化经营；间接方式是指企业提出对农产品品种、农艺质量的要求等，农户根据委托合同约定，在规定时间内向企业提供符合质量要求的农副产品的生产经营形式。

### （二）较强的科技成果转化能力

日本作为农业科技强国，其成果转化率在 2014 年超过 80％[①]。完善的农业科研、教育和推广三结合的农业科技体系为现代农业发展提供动力。日本一直主张"科技立国"和"科技创新立国"，把农业科学技术研究作为发展农业的基础，因此从中央到地方建立了为数众多的农业科学研究机构（研究所和大学），并进行科学的管理，给予充足的经费和政策的大力扶持，每年政府投入的农业科研经费占国内农业生产总值的 2.2％左右，约 772 亿日元。

日本的农业科技推广体系主要是由政府的农业改良普及系统、农协的营农指导系统双轨体系构成，两大体系紧密结合，共同组织、管理和实施全国农业推广工作，增进教育、科研、推广与生产者之间的联系，有力地

---

① 李平，刘智君，王维薇. 中日农业科技创新体系建设的比较分析［J］. 农村经济与科技，2018，29（21）：1-3＋28.

促进了日本农业的快速发展。

### （三）以农协为主的农业技术推广模式

日本在长期农技推广实践中逐渐形成以农协为纽带的农业科研与推广体系，政府和农协相结合，采取自下而上的推广运作方式。

农协作为日本广泛存在的民办科技推广组织，其成员主要来自当地的专业和兼职农户。农协设有的营农指导员是农业生产第一线的技术普及员，负责在产前把农户组织起来，针对性地编制生产和经营计划，争取必要的信用贷款，产中提供种苗、化肥等生产资料，并给予技术指导。营农指导员首先根据农民的需要设定推广课题，制订推广计划，按计划开展工作，然后进行评估，再将评估结果反馈到下一个推行计划之中。农民在使用新技术的过程中，将遇到的问题和需要改进的具体要求反馈给营农指导员，营农指导员再反馈给专门技术员，最后由专门技术员反馈到有关研究机构，经改进提高后再通过上述途径反向传回到农民手中。以农协为补充的农技推广辅助模式，既能及时地将科研成果转化为生产力，又在一定程度上避免了科研推广工作的盲目性，提高了农业科技推广工作的效率。

各级政府在国家统一的方针指导下制定农业推广政策及具体方案，农协在微观层面上根据农户的实际情况进行生产和经营指导，在基层农业科技推广工作中起到核心作用。各级农业科研中心和教学机构人员与各级推广技术人员的紧密联系，有效促进科研、教育与推广的结合。各级政府、农协、科研机构纵向和横向联系和结合，形成了具备日本特色的多维农业推广的运行机制。

日本的农业推广不是简单的技术推广，而是政府管理、开发农村、教育、培养新型农民的行政手段，除采用新技术、新材料、引进新品种等物质方面的推广外，更重要的是人才的培养和农业农村的可持续发展。在日本的推广普及活动中，主要靠规范市场来引导方向，注重培养和发挥农民发现问题和解决问题的自我能力。根据农民和市场的需求进行推广，通过教育、培训、技术指导等手段，来改变农民自觉行为的过程，培养能自主经营、独立思考的农民，进而促进农村社会、农业生产的发展。日本推广普及活动的领域较宽，已延伸到了农业经营管理、高附加值的农业生产、农产品加工、营销、市场信息、妇女参与、农业区域开发设计、环境保护、农业观光、农业可持续发展等领域。

日本的农技推广费用很高，约占日本农业相关预算总额的 1.4%，并已形成多渠道筹措经费的格局。日本通过法律对这部分农技推广经费的来源与使用做出明确规定，《农业助长法》中央政府按一定标准向各都、道、府、县拨付农业推广事业交付金，都、道、府、县的地方财政拨款不得少于交付金的1/2。而日本农协的经费主要来自于农协内部开展经营服务活动的盈余，如地方公共团体和上级农协的补助金或助成金、事业收入、征收税款、大型机械和公共设施等使用费等收入。还有一份来自社会和企业的投资和捐赠，使日本农业推广经费来源更加广阔多样。

日本于1984年颁布了《农业改良助长法》，开始建立协同农业普及制度，该法是日本农业及其推广事业的根本法律，对农业推广目标、经费、组织、人员及工资等做出具体的规定。之后该法经过多次修改，使农业普及制度日趋完善，从法律上确保了国家在政策、资金、技术等方面的支持和协调，依法保障了推广事业的健康稳定发展。

此外，《农业协同组合法》等其他一些法律也包含许多农业推广普及的内容，如1992年修改的《农业协同组合法》明确了农协是政府的辅助部门，负责农业技术普及工作，实施政府的指导、奖励政策。在这些法律保障和推动下，具有日本特色的"以政府为主、农协为辅"的、从中央到地方完整的农业推广普及体系逐步形成，健全的法律体系有效地保障了农业技术推广服务的顺利开展。

### 三、英国的政府引导型农业科技创新体系

英国现代农业从发端到全面推进，经历了机械化农业、化学农业、生物农业和生态农业等演变过程。在各个过程中，科技创新始终是英国农业战略和政策制定的重要依据和评价指标。从总体上看，英国农业科技创新是一种政府引导型的科技创新模式。

#### (一) 建立农业科技质量保证体系

农业科研投入必须保持公开透明，接受社会各界的监督。农业科研成果必须有同行的评价，其中不仅要有英国国内相关学术咨询委员的意见，而且还要有世界上最优秀的农业科学家的评价意见。科研成果应用必须具体明确，要求农业科研成果中应含有实际应用的内容，促进农业新科技能迅速传递到最终使用者（农民）的手中。

英国政府运用欧盟共同农业政策（CAP）给予的每年30亿英镑，对农民应用农业创新成果进行补贴。其具体做法是：在自愿的前提下，政府与农民签订合同，明确提出合同所要达到的指标，并将补贴直接发放到农民手中。而农民为了提高生产率，按照合同和各自生产的需求，则必须将部分资金购买能帮助他们完成合同指标的新技术、新设备和新工艺。

## （二）农业科技成果转化

英国的基础农业科研基地享誉全球，但是由于研发成果转化成度较低，直接导致英国农业竞争力较低，这严重影响了英国的农业经济。基于此，英国开始进行农业科技战略，政府开始大量投入人力物力，不仅投资7 000万英镑于"农业科技孵化器"（Agri-Tech Catalyst）将农业科技成果转化为应用技术，还投资数千万英镑于农业创新中心，支持发展、引进和开发新技术和工艺。这个举措从两方面促进了科技成果转化，一方面使农业公共科技部门和地方企业进行深度合作，鼓励知识和技术转移；另一方面使农场和农业科教部门、学校建立密切的联系。这样可以更好地促进技术人员、农民、科研机构之间的交流，为农户提供实际的农业相关培训，促进农业科技创新成果的转化。英国这些措施促使农业新产品、新科技成果迅速被供应链所吸引，从而使英国农产品在国际市场上具有更好的竞争力。

## （三）加大农业科技支持和推广应用力度

在推广应用方面，一是研发的农业科技项目富有针对性。科研机构在选择研发农业科技项目时，完全按照市场（农民）需求有针对性地进行。二是组建包括各种农业科技推广机构、农业行业协会、咨询公司以及科研机构自身的协作网络等农业中介机构，完善高效的农业中介机构有利于农业科技新成果的推广和应用。三是提高科技成果的市场转化率。科研机构、农业企业以及政府管理等部门加强联动密切配合，采取多种措施提高科技成果的市场转化率，促进新科技成果的推广和应用。

# 第二节　国外经验对河南省农业创新体系建设的借鉴

国外发达农业国家建设农业科技创新体系的经验可以为河南省提供良好的经验借鉴。

## 一、完善科技创新体系，提高综合水平

借鉴国际社会特别是美国等农业强国的成功经验，在尊重河南省省情的基础上，建成布局合理、方向明确、优势互补、产学研相结合，基本适应乡村振兴的科技创新体系。设立省农业科技创新中心、市县中心、农业

科技试验站；培养造就一支高水平、高素质的农业科技队伍；培育一批具有竞争力的农业高新科技企业和集团，在国内农业高新科技领域占有一定的地位；拓宽国际合作领域，农业科技创新的知识来源和服务市场应始终面向世界，扩大国际学术和人才交流。

### （一）准确把握农业科技创新方向

英国的农业科技创新方向是沿着机械化农业、化学农业、生物农业、有机农业和生态农业等演变的全过程走下来的，在实现农业现代化的过程中也曾走过弯路。例如，没有充分尊重土地的自然特性，一味地强调高投入和高产出，导致地力衰竭，只有靠化肥和农药维持，结果反而进一步造成对环境的不利影响。英国目前以发展生态农业为农业科技创新的主题，就是让农业回归自然。对河南省而言，农业科技创新方向是否需要沿着机械化农业、化学农业、生物农业、有机农业和生态农业等演变的全过程走下去，或是进行调整，需要认真思考。特别是，人多地少的省情在河南省将长期存在，一些地方正在重走英国的老路，一味地强调高投入和高产出，破坏土地的自然特性，大量施用化肥和农药，地力衰竭严重。

借鉴英国经验，河南省在发展现代农业过程中应该始终保持与自然的和谐关系，尊重土地的自然特性，合理开发利用土地。例如，农业耕作上可以采取一些诸如豆类作物和其他作物间种，减少复种指数，适当的休耕和采取有机种植等传统耕作方式等。

### （二）建立以政府投入为主导的多元化的农业科技投入机制

河南省的农业科研投入基本上是财政资金，而且相对偏少，占农业GDP的比重偏低。近年来，财政对农业科研的公共投资强度，一直处在0.25左右的水平，与目前国际平均水平1‰相比有较大差距。不仅明显低于发达国家的水平，也低于大部分发展中国家的水平。美国、日本等农业强国的历史经验表明，国家稳定投入是促进农业科技发展的一种非常有效的做法。借鉴国际经验，河南省也应大幅度提高对农业科技创新的投入，并确保资金投入增长比例与国家经济发展增速相匹配。

## 二、提高农业科技成果转化程度

我国农业科技成果的转化率仅30％～40％，真正形成规模的不到20％。世界发达国家的农业科技成果转化率已达65％～85％，农业科技进步贡献率为 70%～80%，而我国仅为 60%。这一矛盾的存在，不仅不能够体现农业科技成果的价值，而且对农业科技成果的研发也相当不利。发达国家农业科技成果的高转化率是与其实行的农科教紧密结合的推广体制分不开的。美国在世界较早建立起农业科研、教育、推广三位一体的农业科技推广体系，其农业科技成果的推广率已达 86%，农业科技对农业总产值的贡献率达 75%，长居世界第一。

农业科研、教育与推广的密切结合是促使美国农业成果转化率保持较高水平的重要原因，也是农业科技推广体系顺利运行的基础。所谓将科研、教育和推广服务三方面有机结合，是指既重视科研和教育，又重视将农业科技成果迅速转化为生产力，三者相互促进、相辅相成。比如美国，政府把农业科技人才的教育培养、农业科技的基础研究和农业技术的推广应用等职能集中于农学院，建立起了以各州农学院为纽带，由各州农学院、农业试验站和推广站三个系统组成的教育、科研、推广"三位一体"的农业科技体制。这种农业科技体制对农业科技迅速转化为生产力，乃至美国农业的快速发展作出了决定性的贡献。而河南省长期以来农业科研、教育与推广之间联系不够紧密，科研和教学工作也严重脱离农业生产实践。为加强重点农业科技产业的研究发展与其成果的转移、扩散及应用。河南省有必要借鉴国际经验，通过体制和机制创新，逐步改善教育、科研与推广相分离的状况，提高科技成果转化和推广应用效率。

## 三、优化部门职能和完善保障体系

### （一）部门职能明确且密切合作

美国中央和地方的农业科研部门具有明确的分工和协作机制，其农业推广的许多项目都是采用了需求驱动的研究。我国现行的农业推广管理体制是以行政管理方式设置的，县级以上机构主要行使管理、指导、监督职能，县乡两级的农业技术推广部门直接面向农民为农民服务。在这种管理模式下，各级推广部门人员、经费和工作主要受本级的农业行政主管部门支配，上级推广部门对下级推广部门只是技术指导，上下级推广部门之间缺乏有效的沟通。从中央到地方，形成了各自独立的体系，条块分割，多头管理、机构重复，力量分散，组织创新滞后，推广效果大打折扣，人财物浪费不可避免。应尽快理顺各级农业推广机构之间的关系，分清各级各部门职责，从体制上解决多头管理的问题，并完善考核奖惩机制，明确地方和中央各科研机构在科研上的合理分工，中央农业科研机构负责基础性和战略性研究，地方农业科研机构应结合当地农业发展的需要，开展有针对性的应用研究。

日本农业现代化和机械化水平非常高，这和日本农业科研、教育、推广三者的紧密结合是分不开的。在我国，推广职能部门职责不明确，缺乏合作推广意识，迫切需要明确教育、科研、推广职责，进而深化三者之间的合作关系。这就需要创新农业部门管理组织形式，促进农业科研、教育、推广之间的合作与协调。农业科研、教育与推广的紧密结合是促使日本农业成果转化率保持较高水平的重要原因，也是农业科技推广体系顺利运行的基础。而我国长期以来农业科研、教育与推广之间缺乏紧密联系，科研和教学工作也严重脱离农业生产实践。根据我国当前的农业发展形势及各地的农业实际，应在体制和制度上对科研和教学人员从事推广服务工作提出要求，科技部门的研究课题必须来自基层、用于基层，符合农村实际需要和农业发展水平，并保证科研人员有一定的时间从事农业推广工作。组建科研与推广部门间的协调机构，及时沟通农业技术推广过程中出现的问题。加强科研、推广及教育单位三者的结合，提倡三个单位的人员可可交叉兼职或轮岗，从组织上、业务上加强相互渗透和协作。通过上述措施，逐步改变当前科研、教育和推广脱节的情况。

## （二）加强农业技术人才队伍建设

高素质的人才队伍是开展高水平农业科技推广工作的重要保障。现阶段，我国从事基层技术推广的人员，多数没有较高的文化水平，对新技术接纳能力差，在一定程度上影响着农业科技推广整体质量的提高。受编制的限制，人员得不到补充和更新。广大农户对农村科技服务的需求日益迫切，需要大批高素质的农业科技推广人员。借鉴美国做法，农业科技推广队伍人员素质的提高可以采取以下多种措施。一方面，通过建立严格选聘制度，提高队伍的进人标准和门槛，选择专业的优秀的技术人才，改善队伍的素质和知识结构。另一方面，建立完善的教育培训制度，加强人员的培训，开展多层次、多形式的各种长期短期培训班，提高农业技术推广人员的素质和技能。另外还应该加强面向农民的科技培训，注重提高农民科技文化素质，培养有知识，有素质，有文化的新型农民，也是改善我国农业科技服务整体状况的基础力量。

日本有专门的法律严格明确农业推广人员的任用资格，从而保证农业推广员的基本素质。日本的农业推广员录用后成为国家或者地方公务员，实行终身制，收入比一般公务员还要高，这有助于留住高素质的推广工作人员。尽管日本农业推广员也存在提高素质的问题，和我国仍处在不同的问题层面。在我国，可以参照日本做法，将推广员纳入公务员序列，提高基层推广服务人员的任用资格与条件，对在职培训的针对性、规范性和周期性形成制度规范，严格明确任职资格和奖惩制度，并作为提高基层推广人员素质的基本要求。

### （三）健全农业科技推广的法律保障和监督体系

把农业科研纳入法制化轨道是确保农业科研政策连续性和有效性的重要前提。在过去的 100 多年里，美国出台了一系列关于农业科研的法律，严格规定了农业科研的运行机制与经费投入等，使农业科研事业的发展实现了有法可依。

美国农业科技推广体系是在《赠地学院法》《农业试验站法》和《农业推广法》的法律基础上建立的，《农业试验站法》在这三个立法中起着桥梁和纽带作用，以完善的法律体系来保障农技推广服务的顺利开展。日本农业科技推广体系是在《农业改良助长法》《农业协同组合法》等一系列法律基础上建立起来的。相比之下，我国在农业推广方面的法律法规较为薄弱。现有《农业技术推广法》的部分条款已不能适应当前的情况，如内容空泛可操作性差；执法主体不明确，违法处罚没有规定，对农技推广的定位带有明显的计划经济色彩，导致对推广职能和推广体系范畴规定不全面、不科学等。

农业科技是现代农业发展的根本动力，依靠农业科技发展现代农业是突破资源环境约束、提高农业发展成效、实现农业可持续发展的必然选择。农业科技在推动中国农业现代化中具有十分重要的意义。而如何从法律政策方面为农业科技创新提供保障，是影响农业科技创新成效的重要因素。科技创新法律体系由宪法、法律、行政法规、地方性法规规章及科技创新基本法、科技创新主体法、科技创新成果保护法、科技创新条件保障及环境保护法、科技创新奖励法等组成。健全完善的农业科技法律体系，有利于保护农业科技创新主体的权益，充分调动农业科技创新主体的积极性和主动性，更好地推动农业科技进步。

此外，农业科研、政府投入、农业教育等方面的制度建设未能与农业科技推广制度进行有效衔接，保障机制不健全，也极大地制约了农业科技推广与服务体系的进一步完善。必须尽早在我国建立起良好的政策法规平台，以指导和规范农业推广事业的健康发展。一是建立配套规章，结合实际，因地制宜地制定不同区域、不同层次的农业推广法实施办法，形成完整的农业推广法律体系，运用法律手段保障农业科技推广的顺利开展；二是建立执法监督制度，加大《农业法》《农业科技推广法》以及《种子管理条例》等法律法规的执行力度，保障推广工作的顺利实施。

### （四）加大农业科技推广的资金投入与保障

由于我国农业科技推广和服务体系建设所投入资金严重不足，导致农业推广服务组织推行农业科技缺乏基本物质条件和技术手段支撑，创新乏力，后劲不足，更直接影响科技成果转化速度。目前我国资金投入情况与其需求相比有较大差距，特别是许多基层农业科技推广机构，缺乏稳定的经费支持，运行经费不足，服务设施、设备比较缺乏。

而我国农业科研经费大多投入到农业科学研究，推广经费偏低。即使在农业推广经费额度不高的情况下，还存在农业技术推广经费被截留或挪用的情况，大多数财政经费不能落实到位，农技推广经费大部分用于行政事业费用支出，支出结构不合理且使用效率低。在推广体系不健全的情况下，农技推广经费的严重不足使公益性农业科技的推广工作很难开展，在引进新品种、新技术等方面由于配套资金缺乏常常被迫中断、更不能做大做强，经费不足严重影响了推广质量和力度。

应借鉴美国经验，一方面，要加大对公益性推广服务的支持，建立稳定的财政投入渠道，明确各级财政对农村科技服务的投入责任；另一方面，通过财政、税收等政策引导社会资金的投入，探索建立多元化投入体系。

日本政府的农业推广机构属于国家机关，推广人员推广经费充裕，进行推广服务活动是职能所在，兢兢业业开展工作可以比一般公务员收入还高，其工作好坏在很大程度上由服务对象进行评价，这使得他们能够做到以农户为中心，不仅推广技术，农户所需的经营技巧、生活指导也可同时开展。在我国，基层推广部门既缺乏推广经费，人员待遇又没有保障，无法保证推广质量。随着农业兼业化、农村空心化、农民老龄化趋势不断加剧，对农业新技能、新成果的接受吸纳能力逐渐减弱。今后我们需要政府确保农业推广的财政支出，定岗定编，将基层推广人员待遇提高到基层公务员平均收入水平以上，完善农业推广和评价机制，将服务农户评价比重作为重点，并引入包含利益相关方在内的外部评价体系，将评价高低作为确定基层推广人员业绩的主要依据。

# 第十一章　河南省乡村创新体系建设中政府行为优化建议

乡村创新体系建设是一项长期而复杂的社会系统工程，不可能一蹴而就，必须有计划、分步骤地实施。为此，河南省政府必须结合本地的经济社会发展现状，结合国家战略对乡村创新体系建设的要求，明确职能，正确行为，确保对乡村创新体系建设发挥正向促进作用。

## 第一节　明确界定政府职能范围

针对乡村振兴战略对科技发展的新需求，地方政府亟须重新审视乡村创新战略规划，优化提升乡村创新环境，建立完善激励机制，加强乡村创新创业人才培养。

### 一、构筑乡村创新战略规划

乡村创新战略规划要立足乡村经济社会发展的现实基础、未来需求，结合乡村经济社会的其他有关战略，对乡村创新体系建设的指导思想、总体思路与目标、目的、原则、时间、重点、方向等一系列基本问题做出战略性规定和正确选择。在此基础上进一步制定专项规划，以规划引领创新创业发展。

### （一）制定总体战略规划

乡村创新战略规划是乡村发展规划的子规划，但也是乡村科技创新发展的总体规划，是乡村创新发展的指导纲领。在当前创新驱动战略大力实施之际，地方政府在制定乡村振兴战略规划的同时，必须高度重视乡村创新战略规划的制定。

地方政府在制定乡村创新战略规划时，要特别注意战略路径选择问题。战略定位确定后，政府还要结合乡村实际以及战略定位，进行具体的战略路径选择。比如是采取渐进性的创新，还是革命性的创新；是采取先动战略，还是采取跟进战略等。其中，革命式创新能获得跳跃式发展，易形成规模效益、成本优势和差异优势，但其创新研发投资与推广费用很大。渐进性创新渐进、稳妥，创新投资较少，风险较小，但它却难以获得革命性创新所拥有的各种优势。先动战略一般比较容易获得创新资源，并保持对跟进者的领先优势，但要冒创新失败的风险和承担较高的创新成果推广成本；跟进战略避免了创新失败的风险和较高的推广成本，但却会失去获得稀缺资源和市场先机的机会。不同的战略路径各有优劣，在制定战略规划时应注意结合区域实际进行正确选择。

### （二）制定专项战略规划

乡村创新战略规划包括多项专项规划。从层面上包括乡村创新规划（含农业高新区、农业科技园区、"星创天地"等发展规划）、产业创新规划、农业科技创新主体培育规划等；从要素上包括科技金融发展规划、创新人才发展规划、载体平台建设发展规划等。河南省已经出台了多项创新体系建设的指导意见，但在乡村创新规划制定方面还不足，如出台了《河南省人民政府关于发展众创空间推进大众创新创业的实施意见》，但缺乏针对乡村相应的发展规划；出台了《河南省科技创新风险投资基金实施方案》，但同样缺乏针对乡村的科技金融发展规划。未来河南省农业科技管理部门需要在此方面加强规划设计。

## 二、优化提升乡村创新环境

### （一）加快创新创业平台建设

创新创业平台是为企业、高校、科研单位和广大科技人员提供研究开发、成果转化、产业孵化、技术服务、科技创业投融资服务、人才培养等各类创新创优服务的载体。针对当前河南省乡村创新创业平台相对较弱的现实，地方政府迫切需要加大投资或者制定政策引导社会资本投资于平台建设，加强平台管理。

加强乡村专业创新创业服务平台与科研基础平台建设。对于专业创新创业服务平台应尽可能为创业企业与人才提供全方位的创新创业服务，例如技术供求信息、难题招标信息、最新专利信息、科技成果信息、科技新闻、重点企业科研院所信息、科研动态、科技咨询服务、民间发明、科技计划、高新技术企业认证、仪器共享、企业孵化、科技数据、科技金融、专家咨询、地方资源、会展项目、成果展示、创新基金申请等。而对于基础条件平台，应重视申报建设单位的资质条件，包括：良好的组织运行机制，较大的行业影响力和明显的龙头作用，稳定的创新团队，科学的平台建设发展规划，必要的创新项目储备等。

组建乡村创新创业平台建设管理机构。可以由河南省科技厅以及各市科技局会同本行政级次的发改委财政等部门，形成平台建设管理小组，根据本地区科技、经济、社会发展的实际需要，统筹规划，组织实施科技创新服务平台的组建和管理工作。河南省科技厅负责制定平台建设的总体规划，编制平台建设的年度计划与经费预算；组织平台建设过程中的检查监督、考核评估和验收；综合协调并处理平台建设运行中需要解决的重大问题；组织开展平台绩效评估。河南省财政厅负责审查平台年度经费汇总决算；检查、监督平台建设经费的管理、使用情况；检查、监督平台绩效评估。各主管部门负责本部门、本地区本行业的平台建设中长期规划的编制，负责新建平台的组织和推荐工作；参与组织实施平台建设，指导平台的运行和管理；落实平台建设的配套经费；协调平台牵头建设单位与参加单位的关系。

加强乡村创新创业平台建设管理。乡村创新创业平台建设应实行分步实施、动态调整的方式，边建设、边运行、边服务。平台建设期限一般应为3～4年，不宜太长。平台建设单位须建立有效的运行机制和管理体制，明确各方职责，制定具体可行的实施方案，建立平台工作台账；在平台建设项目执行过程中，建设单位要注重把资源整合、制度规范以及专业化人才队伍建设相结合，保障相关科技条件资源持续增加和对社会开放服务，使平台真正成为服务于科技进步与创新的资源共享平台。平台建设期间，建设单位应定期（每年12月底前）向科技、财政等主管部门报送当年建设进展情况。科技、财政等主管部门要不定期地对平台建设项目进展及运行情况进行监督检查，并按年度对平台建设项目进行绩效评价。对于验收未通过的平台，须在规定期限内针对存在的问题提出整改方案。如再次验收未通过者，取消平台资格，并退回已拨付的财政经费。

加强乡村创新平台运行管理。平台建成后，其日常运营管理应采用符合市场经济规律的管理体制与运行机制，科技及财政等政府部门不应有过多干预。可以设立平台理事会对平台的日常运营进行统一领导和管理；可以设立研究院来加强平台的技术服务与技术指导；可以设立监督办对平台运行进行考核等。

## （二）完善企业创新法律政策

乡村创新体系建设中存在着市场失灵问题，因此，需要建立完善的法律政策体系，以对微观创新主体的行为进行规范，同时，引导和鼓励他们积极开展创新活动，增加创新投入。近年来，为配合《国家中长期科学和技术发展规划纲要（2006—2020 年）》的实施，我国制定了一系列的政策和法律法规，如《国务院关于实施〈国家中长期科学和技术发展规划纲要（2006—2020 年）〉若干配套政策的通知》等。这些政策和法律法规对促进企业科技创新虽然起到了很大的促进作用，但不可否认的是，目前现有法律政策仍不能满足乡村创新体系建设的需要。进一步完善企业创新法律政策，尤其是符合河南省实际的、有针对性的区域性政策，仍然是一项艰巨的任务。

完善乡村创新主体创新激励政策。为建立激励乡村创新活动的长效机制，在市场经济条件下，科技成果作价入股政策是一种良好的选择。科研院所、高校、企业等创新主体，在资金来源、运行机制和市场化程度方面存在较大差异。非企业主体不具备给技术创新人员股权或分红的条件，而以科技成果作价入股则可极大地激发创新主体的创新积极性。首先要完善股权激励政策，将所有从事实际技术与知识创新活动的主体都纳入到政策激励对象范围；其次是降低股权激励的门槛，对实施股权激励必须具备"近 3 年税后利润形成的净资产增值额占净资产总额 30％以上"的条件进行调整。最后，对制定的股权激励政策要制定相应的实施细则或办法，以增强政策的可操作性。

完善乡村创新的税收优惠政策。首先应扩大税收优惠范围，将乡村科技创新活动的全过程，包括为乡村创新活动而创造条件的活动以及与创新活动直接相关的其他经济活动，都应纳入税收优惠范围。例如，对农业技术创新所需要的进口物品减免征消费税和关税等。其次是增大对乡村科技创新活动的税收优惠力度，如对乡村创新成果产生的利润视不同情况给予免税，或减税 50％～100％；对创新成本允许税前全额列支等。再次，应从税收政策上对科技成果转让、以及新技术引进、消化和转化给以鼓励。例如，对申请专利或实用新型技术的个人或研究单位（企业、高校、科研院所）转让其技术的所得给予全额免征或者减征 50％甚至更多的所得税；对于将一定比例的新技术产业转化为投资的，实行税收抵扣等优惠办法，最高特别折旧率可达 50％以上；对于将引进的技术结合乡村实际进行消化、吸收的，针对消化或吸收成本提高列支比例等。最后，加大对引进高科技人才的税收优惠。为了提高农业企业的竞争力，政府应制定一系列的税收政策，鼓励国内外高科技人才向本地区流动。例如，可对拥有掌握了高、精、尖技术的高新科技人才的企业给予更长的免税期，免税期后给予更大的减税比例；对掌握有高、精、尖技术的高新科技人才实行更高的个税起征点等。

完善中小企业科技创新的法律支持体系。目前，从河南省农业企业的数量来看，中小企业占全省农业企业的 95％以上，吸纳就业占 80％以上。

某种程度上可以说，中小企业是河南省乡村创新体系建设的最大参与群体，同时也是区域内科技创新最活跃的力量。可以借鉴美国的经验，制定《中小企业创新发展法》，加大对中小企业的财政补贴和税收优惠力度，引导与帮助中小企业加大创新；可以在现有法律的基础上，对中小科技企业创新的相关政策进行整合，使之适应新形势发展的需要；可以将对科技型中小企业的政府采购制度化。将中小企业科技创新成果转化产品列入《政府采购自主创新产品目录》，以实际行动支持和鼓励中小企业的科技创新和成果推广应用。

### （三）完善投融资机制

有效的投融资机制，可以引导和激励各种社会资金进入乡村创新活动的各个领域，对乡村创新主体形成强有力的金融支持，增强其抗风险的能力。为此，必须建立完善的投融资机制，即以政府投入为主导、企业投入为主体、金融信贷为支撑、广泛吸收社会资金和国外投资的多元化投融资体系。

第一，政府投入为主导。乡村创新体系建设的公益性，决定了多元化的投融资体系应以政府投入为主导。政府应建立长期稳定的财政投入机制，稳步提高对科研、技术推广、技术教育与培训等方面的投入力度。为此，可以考虑由省财政部门建立乡村创新专门预算，预算资金专款专用，并保证逐年递增，使乡村创新活动投入占 GDP 的比重稳步提高。同时，改革政府财政资金对乡村创新活动的支持方式，将财政资金支持的公益类创新活动，如基础性工作、重大基础研究、战略高技术研究、重大技术攻关和重要应用技术研究等课题，以合同的方式定向委托有实力和资质的高校或科研机构承担，以提高政府投入资金的使用效率。

第二，企业投入为主体。企业是乡村创新活动的主体，也是乡村创新成本的应用主体，是乡村创新活动的直接受益者，因此，企业理应成为乡村创新活动的资金投入主体。为了使广大企业逐步成为科技创新投资、技术研发和成果转化主体以及利益分配主体，就要大力支持企业承担各级各类科技计划项目，大力实施技术创新工程。通过政策扶持，鼓励有条件的大型企业建立自己的研发机构。如，规定企业建立自己的研发机构的，相关建设费用允许列为研究开发经费等。

第三，信贷支持。为了解决乡村创新体系建设的信贷支持难题，需要政府、创新企业及金融机构三方的共同努力。政府应制定政策，对乡村创新企业采取无息借款、贷款贴息、补助、贷款担保和再担保等多种形式的信贷支持。创新企业也应努力提高自身的风险防控能力，科学制定科研决策和科研方案，提高科技创新成功率，并向金融机构详细说明正在从事的创新活动的可行性及关键点和难点，以方便金融机构的技术评估团队对贷款项目风险作出正确评估。至于金融机构，一方面应努力创新信贷支持模式。如与保险机构联手，推出"创新企业＋保险＋贷款"模式，以解决创新企业担保不足问题，促进增加信贷投入。开办"一卡通"小额贷款发放扣收业务，缓解农民贷款难。另一方面还要认真调研，创新信贷品种，解决创新企业融资难问题。如对农业企业可开发使用权证（如草场使用权、土地使用权等）质押贷款业务；对创新企业开展以固定资产作质押的整贷零放业务，或开展融资租赁等。

第四，广泛吸引社会资金。培育发展风险投资机构，尤其是要加大省内外风险投资机构入驻乡村，形成对乡村创新的有力金融支持。对于有科研实力而资金不足的科研院所或高校，可采用产学研相结合的方式，与有关企业形成利益联合体，通过资源整合，达到吸引企业投资的目的；对于有研发实力而资金不足的企业，则可通过投资入股方式或建立科研成果共享机制寻找合作伙伴，吸引省内外实力雄厚的投资人投资。同时，还要加快发展技术产权交易市场，以给投资资本提供退出渠道。

## （四）完善中介服务体系建设

一是增加乡村科技中介服务机构的种类与数量。深化科技体制改革，引导公益性科研院所转化为社会服务机构，以现有乡村技术推广机构为基础，鼓励成立多种技术服务机构；鼓励单位和个人投资兴办乡村技术创新中介服务机构；鼓励现有科技中介服务机构向科技园区或产业集聚区集中，提供更加便利的科技信息服务；大力发展科技贸易市场，引导乡村市场朝着研发、生产方向发展；鼓励社会资本与优秀人才兴办各种技术转移中心或企业孵化器。

二是强化乡村科技中介机构的服务功能。通过市场引导与政策导向，规范科技中介服务市场秩序，引导各类科技中介机构健康发展，强化科技中介机构在信息咨询、科技评估、技术市场和技术转让代理等方面的功能。依托行业协会建立科技中介机构的信誉评价体系，实现优胜劣汰，造就一批优势明显、功能齐全、信誉良好、影响广泛的科技中介机构。

## （五）加大知识产权的保护力度

乡村创新体系建设提高了乡村创新知识与创新技术的产出水平，增加了经济与科技的区域交流和国际交流，但同时也加大了乡村知识产权保护力度，也能够促进知识创新和技术创新，促进乡村经济、科技交流与合作，促进乡村科技竞争优势的提升，合理配置区域创新资源，提高乡村创新效率。

第一，制定切实可行的具体保护措施。制定切实的知识产权战略，为中小企业申报科技成果建立起"绿色通道"。建立和完善专利行政执法体系，加大知识产权纠纷受理和处理力度，坚决打击侵害知识产权的非法行为。加大知识产权宣传、培训及研究工作力度，提升河南省保护知识产权的良好形象。加强知识产权的国内外交流与合作，推动建立知识产权保护协作机制。鼓励企业和科研单位加大对自我知识产权保护的投入力度，支持掌握有核心关键技术的企业和科研单位研究制定结合自主知识产权的国际标准、国家标准和行业标准。教育企业和科研单位提高知识产权保护意识，对创新成果及时进行专利申报，并及时向海关进行知识产权保护备案。构建区域知识产权保护预警机制，帮助知识产权人及时采取措施应对国内外可能的侵害。

第二，在保护策略上，采取系统化保护策略。乡村知识产权保护不是区域内创新主体孤立的自我保护行为，而是创新主体从整体视角，将研发、生产、合作等看作一个整体，形成一致对外的知识产权保护联盟，实现乡村科技进步和经济增长的最优效益。建立乡村知识产权保护体系，关键是各创新主体要形成系统化保护理念，在知识产权保护行动中，从大局出发，从乡村区域整体利益出发，统一行动，互相协调支持，抛弃局部利益和眼前利益。

### （六）加大创新政策优惠力度

创新需求鼓励政策是当前许多国家支持创新的重点。河南省乡村创新政策存在重供给轻需求的问题，鼓励创新的政策基本上集中在供给层面，而创新需求鼓励政策却严重的缺失，从而导致创新供给与创新需求严重脱节，创新活动与现实经济严重脱节。国际经验表明，税收与补贴、政府采购、标准设定、引导消费的倾向性措施是提升创新产品需求的重要手段，也是促进企业创新的重要动力。

加大对乡村创新产品的政府采购力度。结合国家政府采购政策，制定乡村区域政府采购实施办法，编制乡村政府采购目录。目录制定应充分考虑到乡村创新产品，充分体现本乡村创新体系建设的战略意图。同时，加大本乡村创新产品的宣传力度，争取更多的乡村创新产品进入到政府的采购备选范围。

完善产品价格和税费支持政策。一方面，应完善对创新产品购买环节的消费支持政策。对企事业单位和居民购买创新产品的，给予一定的价格补贴或税费减免，大额购买给予消费信贷支持。另一方面，应重视对创新产品使用环节的消费支持的政策效应，减少创新产品的使用成本。如对使用创新产品的用户进行保险或维修补贴等，这将大大激发消费者对创新产品的购买热情。

改善消费环境。鼓励创新不能忽视消费者力量，消费环境是影响消费行为的重要因素，通过改善消费环境，可以起到扩大消费需求、保护合法企业和促进产业发展的作用。创新产品的率先使用者承担了更高的初始成本和风险，并能够提供重要的反馈。因此，政府应通过改善消费环境，向社会发出"信号"，引导人们对创新产品的消费。一是要加快推进创新产品的认证，建立产品标识认证体系，让公众了解创新产品相对传统产品的优越性，正确识别新产品。二是要完善消费信用体系，发展消费信贷。三是要加强产品打假活动，大幅度提高制售假冒伪劣产品或冒用产品标识认证标志等行为的违法成本，保护合法企业的合法利益。

## 三、建立完善创新激励政策

### （一）创新供给促进政策

源源不断的科技创新供给是推动区域经济发展，提高区域综合竞争力不竭源泉和持续动力。创新的供给是指在一定时期内和一定的生产力水平下，区域内各类创新主体愿意并且能够提供的创新成果的数量与质量，包括创新研究和创新成果推广两个阶段。与一般商品不同，创新成果是一种无形的知识产品，在使用中具有较强的正外部性，如果没有政府力量的介入，容易出现"搭便车"现象，挫伤区域创新供给的积极性。因此，政府力量的介入是保障区域创新有效供给的基础。

长期以来，由于科技体制不完善、创新投入不足等原因，导致河南省科技创新供给的动力不足，进而引起创新的有效供给明显不足，真正适应市场需要的、有较高推广应用价值的技术成果很少。而且无论在创新供给结构，还是创新供给质量及推广上都存在着问题。一是创新供给结构不合理。科技创新需要的不仅是单一的专项技术的创新，还包括多层次、多方面的综合配套技术。然而，河南省现有科技创新成果却以单项成果居多，综合配套技术成果较少，呈现出结构上的不合理状况，影响了区域整体创新水平的提高。二是创新的供给质量不高。创新研究脱离实际的现象较为突出，许多创新立项不是来源于市场和经济发展的实际需要，而是来源于科技主管部门项目指南和创新主体的科研偏好或自身的利益考量，如为职称晋级创造条件等，为生产服务的观念仍显薄弱，技术创新成果呈现出适应性差，不成熟、不配套的特点。三是农业科技创新成果转化和推广率低下，重研究轻推广的现象仍然没有得到根本扭转。我国目前的农业科技创新成果转化推广率不足50%，而美国农业科技成果推广率高达80%。

为了促进创新供给，必须做到以下几点：

一是改革传统的科研体制。以制度创新为突破口，及时调整和改革科技体制及运行机制，完善科技自主创新机制，为科技创新提供体制上的保证和支持。首先是完善科技投资体制。政府应加大财政拨款支持力度，并通过政策引导，逐步形成多元化的投资主体。其次是创新科研管理体制。改革科研选题立项方面的管理制度，建立起由市场和社会需求导向确定的新型立项机制，并引入竞争机制确定科研项目和科研经费的分配，充分调动研究人员的积极性和创造性。再次是健全科技推广运行机制，提高技术创新成果的转化率。

二是加快技术创新市场建设。培育和完善技术开发和服务、信息咨询、技术人才及技术培训等多种形式的技术市场；建立社会资本进入与退出机制，技术市场的交易机制和价格机制，确保交易双方利益，降低或分散交易风险；构建通畅的技术信息交流平台，对技术市场信息进行搜集分析、加工处理，筛选出有价值的信息，用进行准确的市场预测，充分发挥市场的双向交流和反馈功能；加强技术创新市场法制建设，以知识产权法、专利法、技术合同法、促进科技成果转化法等为核心，结合区域实际制定有关政策法规实施细则和实施办法，规范技术市场的交易行为，为农业技术市场的良性运转提供有力的法律保障和政策环境。

三是加强科技创新的区际、国际交流与合作。为了尽快缩短与先进地区的差距，在依靠河南省自主创新能力提升外，还应在坚持自主创新的基础上，利用区域经济一体化和国际经济一体化的契机，扩大对外开放的力度，广泛开展科技创新的区际交流和国际交流与合作，把自主创新与合作创新、引进创新相结合。通过积极引进、消化和吸收国内外的先进技术，进行二次创新，以形成更多的自主知识产权。

## （二）创新需求激励政策

创新需求激励政策是当前许多国家支持创新的重点。河南省同其他地区一样，存在重供给轻需求的问题，鼓励创新的政策基本上集中在供给，而创新需求鼓励政策却严重的缺失，从而导致创新供给与创新需求严重脱节，创新活动与现实经济严重脱节。

国际经验表明，税收与补贴、政府采购、标准设定、引导消费的倾向性措施是提升创新产品需求的重要手段，也是促进企业创新的重要动力。

加大对本地区创新产品的政府采购力度。结合国家政府采购政策，制定本地区政府采购实施办法，编制本地区政府采购目录。目录制定应充分考虑到本地区创新产品，充分体现本地区区域创新体系建设的战略意图。同时，加大本地区创新产品的宣传力度，争取更多的本地区的创新产品进入到国家和其他地区政府的采购备选范围。

完善产品价格和税费支持政策。一方面，应完善对创新产品购买环节的消费支持政策。对企事业单位和居民购买创新产品的，给予一定的价格补贴或税费减免，大额购买给予消费信贷支持。另一方面，应重视对创新产品使用环节的消费支持的政策效应，减少创新产品的使用成本。如对使用创新产品的用户进行保险或维修补贴等，这将大大激发消费者对创新产品的购买热情。

改善消费环境。鼓励创新不能忽视消费者力量，消费环境是影响消费行为的重要因素，通过改善消费环境，可以起到扩大消费需求、保护合法企业和促进产业发展的作用。创新产品的率先使用者承担了更高的初始成本和风险，并能够提供重要的反馈。因此，政府应通过改善消费环境，向社会发出"信号"，引导人们对创新产品的消费。一是要加快推进创新产品的认证，建立产品标识认证体系，让公众了解创新产品相对传统产品的优越性，正确识别新产品。二是要完善消费信用体系，发展消费信贷。三是要加强产品打假活动，大幅度提高制售假冒伪劣产品或冒用产品标识认证标志等行为的违法成本，保护合法企业的合法利益。

## 四、加强创新人才队伍建设

乡村创新体系建设必须由教育提供强大的智力支持。教育不仅决定了乡村内的国民素质，也影响着乡村创新素质和创新能力。

### (一) 建立终身教育体系

乡村创新体系建设是一个长期而复杂的过程，无论成果的推广应用，还是进行新的创新，都需要持久的智力支撑，需要更新旧的知识，这就需要建立终身教育制度与体系。终身教育体系包括两方面的内容，即建立各种教育机构与促进个人终身学习。前者主要为各种不同形式的教育提供必要的场所和机会，后者主要是营造氛围使每一个社会成员在一生中能持续地学习。河南省终身教育体系的建立要从加强立法、制定规划、开放教育等方面着手。

进行终身教育的立法。建立终身教育体系是一项庞大的社会系统工程，必须有相应的专门机构行使统一规划和管理协调的职责，并制定终身教育法制制度，这也是国际上不少国家的实践经验。如日本成立了专门的终身教育管理机构终身学习局，并制定了专门法律《终身学习振兴整备法》（1990 年）；美国的终身教育管理机构是联邦教育局内专设的终身教育局，专门法律主要是《终身学习法》（1976 年）。法国在 1971 年制定并通过了一部比较完善的成人教育法《终身职业教育法》。另外，韩国、联邦德国、瑞典、加拿大等许多国家都制定了终身教育的相关法律。结合河南省实际，可在省教育厅内设终身教育管理局，由管理局负责决定构建终身教育体系的大政方针及重要问题，负责统一规划、管理协调终身教育。省立法机构应尽早出台终身教育地方法律法规，为省内开展终身教育工作提供法律依据。

构建终身教育体系的实施战略。在国家还没有构建终身教育体系总体规划前，河南省可尝试先行制定本地区的终身教育发展规划，明确终身教育体系建设目标、总体思路及建设原则。终身教育体系建设是一个长期而艰巨的工程，因此，战略规划应分阶段实施，每个战略阶段各有其相应的子目标。结合河南省不同地区发展的不平衡性，终身教育体系战略的实施，应根据不同地区区情采取差异化策略，分地区进行。如可先在较发达的地区进行试验试点，待试验成功后再结合不同地区情况展开。另外，由于终身教育的终身性，即从人的生命开始到人的生命结束的全过程教育，包括胎儿教育、婴幼儿教育、青少年教育、成人教育、老年教育等，终身教育战略还应采取分步进行的策略。

灵活的开放性教育策略。终身教育对象是需求多样化的社会群体，教育内容门类繁多，涉及社会经济生活的方方面面。所以，终身教育体系建设具有门类多，投入大的特点，应实行开放办学策略，建立投资主体多元化机制，吸引社会各方面的力量参与投资。在办学形式上，应结合地区、行业、单位、教育对象等的不同情况采取灵活多样的教育形式，如学校教育（普通教育/职业教育）、计算机网络教育（远程教育）、社会教育（社区教育、图书馆、博物馆、科技馆、大众媒体等社会资源）、企业内训、各种专业协会组织的教育培训、半工半读、校企合作等（殷丙山，2011）。

## （二）构建学习型区域

学习型区域概念最早由 Richard Forida[①] 在 1995 年提出，是指通过有效的个体学习、组织学习和区域学习，提高参与区域创新主体的创新能

---

① Florida, R. Towards the Learning Region. Futures, 1995, 27 (5): 527 - 536.

力，从而大幅度提高区域创新能力和经济绩效，保持竞争优势的一种有效的区域创新系统。区域创新能力与学习型区域创建密不可分。Florida（1995）认为，创新能力取决于五个决定因素：区域内的公司相互之间紧密联系，持续地交流信息，并保持与区域外的联系；支持团队组织终身学习和共同学习的教育和培训机构；投资者（银行、风险投资家等）倾向于知识密集型公司；高密度的"知识工人"；沟通和知识共享的本地文化。所以，区域学习能力是区域创新能力的一个重要层次[①]．借鉴国外创建学习型区域的先进经验，河南省创建学习型区域，可从宏观政策导向、主体学习能力、知识网络体系三个方面入手。

加强宏观政策导向。一是完善省内地方法律制度和乡村政策，为创造学习型区域营造良好的政策制度环境；二是制定乡村产业政策，加大创新型企业的激励，促进企业主体更好的发展；三是要加强省际、国际交流与合作，吸引国内外高新技术企业与高层次人才的进入，增强乡村学习主体的学习压力，增加学习机会，以便更好地与国际社会接轨。

增强学习主体的学习能力。一要注重教育质量的提高，着力提高区域国民素质，为学习型区域的创建积累高素质的人力资本；二要推动学习主体建立良好的运行机制，为学习型区域的构建积累组织资本；三要鼓励学习主体开展多种形式的互动合作，通过合作获得知识增进与能力提升。

完善乡村知识网络体系。一要加强以企业为核心的学习网络建设。技术创新的主体应该是企业，区域创新能力和竞争力最终取决于企业的创新能力。所以必须首先加强企业是技术创新主体的认识。二要优化网络系统。首先要建立以信息技术为核心的基础设施支撑体系。其次要基于这一支撑体系，在省内加强各层次、各类型的平台建设，使企业与高校、研究机构之间搭建紧密高效的知识创新、应用、转化的平台。三要注重人才培育与流入。充分发挥现有人力资源的潜能，加强人才培训和交流，构筑持续的人力资源支撑系统。

## （三）建设人才培养基地

在人才竞争日趋激烈的今天，解决创新人才问题，不能完全依赖于外引，结合人才的引进，在创新活动中培养、锻炼、壮大区域人才队伍，才能为乡村创新体系建设提供源源不断的人力资本。创新人才培养基地建设是解决创新人才问题的基础性手段。

---

① 刘希宋，甘志霞，吕海军．区域创新能力与中国科技园的发展．机电产品开发与创新，2002（6）：8-12.

首先，创新基地人才培养模式。创新人才培养基地的培养目的在于为河南省乡村创新体系建设培养具有创新意识和创新能力的高素质、应用型、复合型人才。一要打破传统封闭单一的校内办学模式，强调理论与实践相结合、产学研相结合、国外经验与国内实际相结合、不同学科交叉结合。二要学以致用，多建立集教学、研发与产业化功能于一体的人才培养基地。

其次，加强创新基地教师队伍建设。要培养高层次的创新人才，首先必须有一支基础扎实、实践经验丰富、有着强烈创新意识与能力的师资队伍。一方面，可在全社会进行基地教师的公开选拔，鼓励高校和科研机构中创新意识和创新能力强的中青年人才到乡村创新基地任职或兼职。也可选拔理论基础好，科研能力扎实的科研型人才到企业生产第一线任职，把他们尽快培养锻炼成合格的基地教师。另一方面，也可积极聘请优秀、成功企业家和创业者以及国外高水平教师来基地任教和讲学，通过他们的言传身教，让学员们真切地感受到创新魅力，激发他们创新的热情。

再次，建立创新人才实训平台。乡村创新人才的培养，需要创新素质的培养与创新实践能力的锻炼，使理论知识学习与实验技能培训相结合，以达到培养实用型人才的目的。为此，要建立一批创新人才实训平台，为基地人才培养提供实践教学服务。实训平台建设可按照"存量完善，增量提高"的原则进行。进行省内各种实训平台清理登记，摸清现有可用平台实数，并结合基地人才培养需要对存量平台进行补充完善。然后再参考基地建设与培养计划确定所需实训平台数量，确定实训平台的增量需求，并对增量平台按照高水平、高层次要求进行建设。

### (四) 创新人才用储机制

人才储备的使用，主要应解决四个问题：扩大人才储备总量、优化人才结构、稳定人才队伍、降低人才引进成本。

建立创新人才用储机制，首先要引入有进有出、能升能降的动态机制，加大人才储备力度。近年来，我国出现了高校毕业生就业难的问题，这对欠发达的河南省正是储备人才、吸引人才、扩大人才储备、优化人才结构的大好机遇。各级政府应改变观念，摒弃高校毕业生是压力，是包袱的错误认识，不拘一格选拔人才，确保把那些有能力、有潜力、有抱负的高素质人才纳入视野，为区域创新体系建设建立鲜活的人才"蓄水池"。一是把各级组织选拔的选调生、选聘生、优秀大学生，全部纳入"储备人才库"，作为培养式储备人才；二是制定好人才储备计划，利用几年时间，每年面向全国重点高等院校，特别是国家"211工程"院校和"985工程"

院校公开招聘一定数量的具有大学本科以上学历、学士以上学位的毕业生，采取合同约定方式来区工作锻炼，作为锻炼式储备人才。对储备人才考核不合格的，应采取调整工作岗位，适当降低待遇，甚至解除《聘用合同》，进而建立起人才能进能出、待遇能升能降的激励约束机制。

其次，改善储备人才待遇，稳定人才队伍。为稳定人才队伍，同时确保储备的人才能够立足岗位，放手发挥作用，必须为储备人才提供各项待遇，改善储备人才的生活条件，畅通渠道，切实解除其后顾之忧。一是储备人才在储备期间的工资保险、福利待遇不低于同一地区同类人员。二是建设人才公寓，改善储备人才的生活条件。对于其中的博士研究生，还应提供必须的住房。三是开通储备人才人事关系、户籍迁移、子女入学、社会保障等服务的"绿色通道"，解决储备人才实际困难。四是搭建"桥梁"，促进优秀储备人才陆续"出库"，实现岗位稳定。把储备人才作为各类岗位补充工作人员的主要来源，各事业单位工作岗位及专业技术岗位录用工作人员，从符合招聘条件的储备人才中，通过双向选择，考核、择优调入。

再次，不拘一格，用人为贤。储备人才的目的在于用人。坚持储用并行，不拘一格选人、用人，最大限度地激发储备人才的工作热情和发挥潜能。一是对博士研究生人才、硕士研究生人才优先聘用相应专业技术职务，对年度考核优秀的人才优先列入后备干部队伍，进行重点培养，并且每年从引进人才队伍中选拔一定数量的人选，到区直机关、事业单位挂职或任职。二是对储备人才不搞论资排辈，在具备同等条件的情况下坚持优先使用，对特别优秀的人才大胆破格提拔。通过优先使用、破格提拔、轮岗交流等形式及时把他们选拔到重要岗位工作，促使其在更高的层次上经受锻炼，加速成长。三是畅通人才纵向与横向双向流动渠道。根据泰罗"第一流工人"的管理思想，要为每个人才寻找到最适合他们的岗位。对于许多人才，尤其是毕业伊始，刚进入工作实践的高校毕业生，实践经验少，并不知道什么是最适合自己的专业和岗位。所以应鼓励人才横向流动，使每个人才都能在创新实践中寻找到适合自己的工作岗位，成为该岗位的"第一流工人"，做到人尽其才。同时，畅通人才纵向流动渠道，为优秀人才提供晋升提高的机会和制度保障，充分发挥他们的智慧和才华。

### （五）兼顾领军人才与创新团队建设

乡村创新体系建设中，创新团队是区域内进行科技研发和创新的主要组织形式。乡村创新团队是指在区域创新行为主体中，以领军人才或技术专家为核心，为实现某个或某些创新活动目标任务，依托特定的创新平台和创新项目而组成的人才群体。构成创新团队的基本要素有：合理的团队人数、明确的创新目标、协同工作的能力、和谐的成员关系。区域创新团队建设需要从以下几方面着手：

第一，建立合理的创新团队结构。创新团队结构主要包括团队成员的知识结构、专业结构、年龄结构等。合理的团队结构应是在上述三个方面具有互补性、层次性。为保持创新团队持久稳定的创新能力，首先要求创新团队成员年龄结构上有互补性，老中青相结合。创新能力强、经验丰富的年长成员在创新活动中传、帮、带中青年成员，实现创新接力；而中青年队员年富力强，则是创新活动的中坚力量。其次，要求知识与技能互补。创新团队成员在知识和专业背景以及能力结构上的互补性能够保证技术创新团队完成跨学科、多领域的研究课题。创新团队的层次性是指团队成员的学历、职称、年龄结构合理，形成层次清晰的梯队。团队成员年龄结构合理，素质互补，学科交叉，资源共享，是优秀创新团队形成与发展的基础。

第二，建立目标导向的运作模式。创新团队的动作要有明确的目标导向。管理学认为，目标是行动所要达到的预期结果，是满足人的需要的对象。目标是行为的一种诱因，具有诱发、导向和激励行为的功能。要为创新团队指示明确的科研方向，通过目标激励调动创新团队成员的积极性，激发他们创造和创新的欲望。目标的确定可依托单位的科技发展趋势和优势，近可立足本地区、本单位的实际，解决本地区、本单位经济与科技发展中需要解决的实际问题与难题。远则可瞄准当前国家急需解决的重大问题和国际重大科学前沿问题，争创国际一流的自主创新成果。

第四，要兼顾领军人物的培养。在创新团队的自主创新中，领军人物常常起着决定性作用。他们或是所承担项目的负责人，或是某学科的学术带头人，或是优秀的科学家，具有思维超前、学术精湛、品德高尚、凝聚人才的领军才能，可以决定一个团队 80％ 的命运。因此，创新团队的建设，必须兼顾领军人才的培养。首先要选拔好领军人才的培养对象。作为培养对象的人选，必须具有较高的接受知识的能力和极强的上进心，并敢于承担风险；具备在复杂的环境下掌控大局，善于策划或谋略的素质或潜质；要具有发展潜力并已经取得同行公认的创新性成绩或创造性科技成果。其次，要培养团队领军人物分析问题、归纳问题的能力，使他乐于接受新知识并勤于学习，培育或传播团队文化；要培养其判断问题的能力，使其具有对事物的敏感性，能预见结果，具备一眼看到底的透视力；最后，要采取灵活多样的培养方式。如研修深造、交流学习、项目带动等。

### （六）建立科学的创新型人才评价和激励机制

一要建立合理、科学的创新人才评价体系。"公平、公正、公开"的原则下，确立以能力为导向的评价标准，在借鉴西方国家经验的基础上把能力、业绩、品德、知识等要素结合起来，确定适合河南省实际的人才评价指标体系，即建立以业绩为导向，以品德、能力、知识等要素构成的人才评价指标体系，形成群众评价、专家评价、市场评价等分类多元的人才评价系统。

二是加强创新人才激励机制的制度建设。完善创新人才选拔使用机制，坚持考核使用，竞争上岗。坚持实行聘用制，变单位人为社会人，变身份管理为合同管理，建立起充满活力的用人机制。创新人才配置机制，完善人事代理制度，建立多层次、开放性的人才市场，充分发挥市场在人才资源配置中的基础性作用。强化报酬激励制度，使管理人才、科技人才能够得到与其贡献相对应的报酬。在物质激励的同时，注重对创新人才的精神激励，在全省定期开展各种形式的评选活动，如省杰出人才奖评选活动，对在区域创新体系建设中作出突出贡献的杰出人才给予物质与精神的双重奖励，使人才与企事业单位结成真正的利益共同体。

三是健全人才保障机制。建立和完善创新人才政府投保制度，制定以补充养老保险和补充医疗保险为重点的高层次人才特殊保障政策；建立高层次人才的子女入学保障制度，优先保障高层次人才子女就读。完善企业单位与事业单位之间、企业与企业之间人才流动的社会保险衔接办法，制定社会保险省内统筹办法，解除各类人才创新创业的后顾之忧。

# 第二节　优化政府行为

乡村创新体系建设中，地方政府亟须在观念、体制机制上下功夫，确保政府行为正确履职于乡村创新体系建设的需要。

## 一、转变执政理念

执政理念，是执政活动的价值取向，是对执政的宗旨、目的和任务，以及为了实现这一任务而制定和实施的执政方针、执政手段等方面的总体认识和把握。在乡村创新体系建设中，转变执政理念，就是要树立科学的执政理念，找准政府在乡村创新活动中的角色定位，以人为本，提高服务意识。执政理念是行为的先导，转变创新管理观念必须加强学习。通过加强组织学习，创建学习型政府，转变创新管理观念，推动政府在乡村创新体系建设中发挥更大作用。具体应做好以下几点：

一是加强创新理论学习，变"科技观"为"创新观"。创新不同于科技，创新管理也不同于科技管理。加强创新理论学习，要深刻认识创新的丰富内涵，把握创新的重点与难点，改变科技管理等同于创新管理的错误认识；要深刻认识创新发展规律，结合乡村自身科技创新发展特征，制定切实有效的针对自身的创新战略与政策措施；要深刻认识创新的功能与作用，明确创新在乡村经济社会中的重要地位，增强创新管理的责任与担当。

二是加强系统理论学习，变"局部观"为"整体观"。乡村创新体系建设需要多部门、多主体、多方式协同推动发展。加强系统理论学习，要明确系统的整体性，站在国家与乡村发展的总体格局上建设区域创新体系，突出对区域创新体系的完善补充与自身的提升发展；要明确乡村创新体系的结构性，努力协调发改委、农业局、教育局等其他职能部门，以协同优势促进系统整体最优产出；要激发系统主体的积极性，从创新链、产业链、资金链、人才链、服务链融合发展方面综合考虑科技创新政策的制定与实施，激发主体创造的积极性、主动性。

三是加强管理知识学习，变"管理观"为"服务观"。政府在乡村创新体系建设中的作用主要是协调与服务各创新主体，促进主体积极创新创造。加强管理知识学习，要变主导为引导，改变过去地方政府代民做事当"救世主"的做法与形象，引导创新主体围绕区域整体创新目标而奋斗；要变管理为治理，放手让创新主体做他们自己能做的事情，切实激发创新主体热情与能力；要变管理为服务，在政府职能范围内提供高效的公共服务支持，建立亲民和谐的服务型政府，为创新主体营造良好的创新创业氛围。逐渐转变代民做事的观念，建立为民服务、官民和谐的服务型政府。在乡村创新体系建设中，政府要改变过去"救世主"的形象，把企业、民众自己能做的事情放手让他们自己去做去管理，政府只为企业或民众的创新活动创造条件，提供必要的服务支持。如果政府部门越位、缺位、错位，就限制了企业和民众的创造力并侵犯了公民的某些基本权利，同时也损害了政府在公众心目中的形象。

四是加强政治理论学习，转变政绩观。在乡村创新体系建设中，改变过去的唯GDP论和片面GDP政绩观，不但要重视乡村创新对乡村经济发展速度的影响，还应更加注重乡村创新体系建设对区域内经济增长结构、质量和效益的贡献，注重防止乡村创新活动对资源消耗和环境污染的负面影响，注重收入分配的公平公正以及经济社会的协调发展。

五是加强经济理论学习，确立企业主体观。尊重企业的市场主体地位与区域创新活动主体地位，不参与或干预微观经济主体的微观经济活动，不与民争利，而致力于发展和维护平等竞争的环境。消除政府"全能观"，建设有限而对全民负责的政府，实现由生产建设型政府转变为公共服务型政府，让政府更多通过政策制定与实施来惠及各方。

## 二、理清政企关系

首先，明确政府和企业在乡村创新中的不同地位。在乡村创新体系建设中，企业是创新活动的主体，是创新活动的实际承担者。地方政府并不是事实上的创新主体，而应是创新环境的创造者和维护者，为乡村创新体系建设创造长期稳定的良好环境；创新政策的制定者，制定旨在促进本地区知识创新、技术创新的地方性政策，并保证其在创新实践中顺利实施；公共服务提供者，为创新主体提供优质的公共服务（包括公共物品），以满足其创新活动的需要；制度与机制调控者，对区域创新体系建设中的微观经济主体的行为进行引导和规范。

其次，切实实行政企分开。要实行政企分开，就要做到：一是政府与企业的社会职责的分开。在乡村创新体系建设中，政府的社会职责是对区域内的社会公共事务进行有效的管理，为区域创新活动提供政策支持和公共服务；而企业的社会职责是依照国家法律和市场规则，以最少的投入获得最大的产出，包括创新成果的产出。二是企业所有权与经营权的分开。建立和完善公司法人治理结构，明确股东会、董事会、监事会和经理层的各自职责，要求各负其责、协调运转、有效制衡。三是政府国有资产所有者职能与行政职能的分开。同一政府机构不能既承担国有资产所有者职能又承担行政职能。

最后，明确政府行为边界。地方政府在乡村创新体系建设中，是公共产品的提供者，但政府提供公共产品的同时，不能以牺牲私人利益为代价。乡村创新体系建设中，基础设施建设、创新政策制定等公共产品由于存在市场失灵，政府应责无旁贷成为这些公共产品的提供者。政府对市场的基本职责就是界定产权制度、保证市场合约的有效履行、保证个人财产不受他人侵害等。地方政府的这些基本职责履行是通过制度制定、创立、修改与完善等方式来进行。其次，对于微观经济活动领域的创新活动，市场机制能够充分发挥调节作用，企业在这些领域的活动意愿也比较强烈，政府应自觉遵循"谦抑原则"，切实遏制住自身参与的初始冲动，不直接干预微观主体的创新活动。

### 三、重构管理体制

体制是行为的框架，构建创新管理体制必须深化改革。通过深化改革，建立一个高效的区域创新体系建设管理体制，推动政府切实做好规则制定者的角色。

一是明确政府的创新管理职能。坚持有所为，有所不为，明确界定政府与市场的职能边界，严格按照职能范围约束自身行为，确保该做的一定做好，不该做的坚决不做。明确创新体系中政府、高校、科研院所、企业等创新主体之间的关系，建立层次分明、分工合作、结构合理、鼓励创新的创新管理体系；充分尊重企业的技术创新主体地位与高校科研院所的知识创新主体地位，不参与或干预创新主体的创新活动，致力于为创新主体提供良好的公共服务，营造公平竞争的创新环境，担当起市场失灵调控者的角色。

二是建立高效有力的统筹协调机构。顺应大部制改革趋势，组建以科技厅局为主体、以其他职能部门为辅助的创新管理统筹协调机构；统筹协调科技计划的立项、监督与结项鉴定，协商制定科技创新政策法规；统筹对科技创新计划执行部门的过程监督，克服多头管理弊病。以整体性治理理论为指导，以大数据互联网技术手段为依托，建立与创新管理相关的部门之间协同管理的沟通机制与联系机制，保证政府与创新主体之间的沟通有序有效。从创新链协调发展的角度，注重科技创新计划设立与科技创新经费拨付的合理性，加大对基础研究与创新基础设施建设的倾斜力度。

三是优化管理部门内部职能机构。改革现行上下一体、对口一致的科技管理内部部门设立模式，组建以区域创新体系特色为基本，以发挥科技创新资源效能为导向的科技创新内部管理机构，强化内部相关处室的沟通协调。组建独立的专业的科技成果评价机构，加强对科技创新成果的效益评价；强化科技创新管理工作内部监督考核机构的职责，构建绩效优先的评价机制。

### 四、完善运行机制

机制是行为的准则，完善创新管理机制必须深入探索。对制约乡村创新体系运行的因素进行积极探索，建立与之对应的政府创新管理的机制体系。

一是改革科研立项决策机制。变革立项决策的准备工作，强化决策前的调研，明确界定科研立项的方向与重点；变革立项决策的协同机制，加强各类科技计划的统筹协调和有机衔接；变革立项决策的主体权限，扩大高校与科研院所的自主权，强化科技领军人才的决定作用；简化决策的流程，明确政府在决策过程中的监督作用，提高立项决策效率。

二是完善科技成果的评价机制。变革评价内容体系，建立以成果化、商品化、产业化为主的评价指标体系。完善科学技术奖评审办法，强化科技奖励对引导科技成果转化应用、企业技术创新、产学研用合作、创新型人才培养和关注基层民生的导向作用。改进科技成果评价办法，建立起基础研究由同行评价、应用研究由用户和专家评价、产业化开发由市场和用户评价的制度体系。规范评价程序，建立评审专家责任制度和信息公开制度，加强对科技项目决策、实施、成果转化的后评估。建立科技创新成果基本信息的社会公开制度。

三是完善沟通协商机制。完善对外沟通合作管理机制，在坚持自主创新的基础上，鼓励创新主体加强科技创新的区际、国际交流与合作。借鉴省部会商制度，探索建立科技创新主管部门与基层政府定期交流沟通机制，建立重大事项信息互报互通机制，加强部门之间沟通协调。建立部门内部信息互通共享机制，做好政策之间的配套衔接。坚持"跳板原则"，鼓励创新主体之间在不违背法律法规原则下广泛开展科技创新合作。深入推进行政审批制度改革，进一步精简审批项目，优化审批流程，提高审批效率，切实提升自主创新的服务水平。大力推进科技领域电子政务建设，建立健全政府相关部门信息共享和工作联动机制，提高政务信息化水平。

四是健全监督约束机制。健全内部监督约束机制，合理设置工作目标，建立目标责任制；健全内部问责制度，对不作为、乱作为的部门或个人严格问责追责。加强外部监督约束，完善向上级部门的汇报制度，完善审计制度，完善信息公开制度，健全信访接待制度。强化纠错整改的检查制度建设。

# 参 考 文 献

## 中文部分

蔡秀玲.硅谷与新竹,区域创新环境形成机制比较与启示 [J].亚太经济,2004
　　(6):61-64.

柴中达,李洋.政府在国家创新体系中的职能定 [J].中国行政管理,2004
　　(10).

陈一鸣,杜德斌,张建伟.区域创新环境与上海研发产业因果关联机制研究 [J].
　　软科学,2011 (8):24-25.

丁焕峰.区域创新系统的理论来源分析 [J].世界科技研究与进展,2002,23
　　(5):59-62.

东北财经大学经济与社会发展研究院课题组.英国高等教育经费的筹措 [J].经
　　济研究参考,2005:58.

冯之浚.国家创新体系纲要 [M].济南:山东教育出版社,2000:2.

冯之浚.国家创新系统的理论与政策 [M].北京:经济科学出版社,1999
　　(1):12.

傅家骥,雷家骕,程源.技术经济学前沿问题 [M].北京:经济科学出版
　　社,2003.

盖文启.论区域经济发展与区域创新环境 [J].学术研究,2002 (1):60-63.

龚荒、聂锐.区域创新体系的构建原则、组织结构与推进措施 [J].软科学,
　　2002,6:23-24.

龚荒.后发地区创新体系中政府政策工具的选择 [J].经济体制改革,2003 (4):
　　114-116.

关祥勇,王正斌.区域创新环境对区域创新效率影响的实证研究 [J].科技管理
　　研究,2011 (21):16-20.

郭强.基于省级数据的区域科技创新政策评估 [J].统计与决策,2012 (3):
　　81-84.

侯国清,姜桂兴,保持科学卓越,抓住创新机遇 [J].中国软科学.2005,4.

胡明铭.区域创新系统理论与建设研究综述 [J].外国经济与管理,2004.

胡志坚,苏靖.关于区域创新系统研究 [N] 科技日报,1999,10 (16).

胡志坚.国家创新系统——理论分析与国际比较 [M].北京:社会科学文献出版
　　社,2000.

黄鲁成．关于区域创新系统研究内容的探讨［J］．科研管理，2000（3）：43－48．

黄乾．区域创新系统中的政府角色定位［J］．经济论坛，2004（12）：21．

黄桥庆，赵自强，王志敏．区域创新环境的类型及其特征［J］．中原工学院学报，2004，15（5）：11－13．

黄顺康．论地方政府研究的若干基本问题［J］．理论月刊，2005（5）．

霍京华．英国爱丁堡大学的技术转移及知识产权管理［J］．北京化工大学学报，2005，1．

贾亚男．关于区域创新环境的理论初探［J］．地域研究与开发，2001，20（1）：5－8．

姜军等．发达国家政府在创新体系中的作用方式及启示［J］．科学学研究，2004，22（4）．

姜明辉，牛晓姝．政府在区域创新网络中的角色定位［J］．学习与探索，2005（4）：214．

蒋栋，李婷，李志祥．自主创新科技政策在河北省的实施效果评价［J］．中国软科学增刊（上）：88－93．

荆娴．论政府在科技促进经济发展中的作用［J］．经济问题，2002（12）．

柯武刚，史漫飞．韩朝华译．制度经济学［M］．北京：商务出版社，2000．

李必强等．我国政府在国家创新体系中的作用［J］．科学学与科学技术管理，2004（2）：27－29．

李飞，董博雅．区域创新系统构建中的政府行为分析［J］．当代经济，2006（9）：75．

李虹．区域创新体系的构成及其动力机制分析［J］．科学学与科学技术管理，2004（2）：34．

李树毅．明确企业技术创新主体与构建创新型国家［J］．科学社会主义，2007：3．

李廷勇．从国际先进经验看技术创新中的政府职能［J］．科学技术与辩证法，2003（6）．

李新男．企业技术创新主体地位与建设创新型国家［J］．中国科技论坛，2007（6）．

李正风，曾国屏．中国创新系统转型过程分析［J］．科学学研究，2000（9）：12－19．

刘斌．构建区域创新系统的难点与对策［J］．中国科技论坛，2003（02）：18．

刘景江，许庆瑞．美英日韩政府自主创新推动作用的比较分析及启示［J］．科技管理研究，2000（1）．

刘曙光，刘佳．区域创新系统研究的国内进展综述［J］．经济师，2005（1）．

柳卸林．区域创新体系成立的条件和建设的关键因素［J］．中国科技论坛，2003（10）．

罗山，杨正洱，邓伟东，许亚冰．珠海经济特区自主创新政策体系实效评估暨优化［J］．科技管理研究，2010（9）：66-69.

罗伟，连燕华，方新．技术技术创新与政府政策［M］．北京：人民出版社，1996.

美 G. 多西等．著技术进步与经济理论［M］．北京：经济科学出版社，1992.

美杏尔斯·沃尔夫．市场或政府［M］．北京：中国发展出版社，1994.

宁凌、汪亮、廖泽芳基于 DEA 的高技术产业政策评价研究——以广东省为例［J］．国家行政学院学报，2011（2）：99-103.

裴洪志，孙耀吾．"官产学"创新网络与企业主导作用研究［J］．商业研究，2010：1.

彭纪生、仲为国、孙文祥．政策测量、政策协同演变与经济绩效：基于创新政策的实证研究［J］．管理世界，2008（9）：25-36.

乔妮．中国各省市自治区创新环境对创新绩效的影响效应［J］．云南财经大学学报，2010（6）：148-156.

曲世友，邵延学．市场经济条件下政府在国家创新体系中的作用［J］．中国科技论坛，2005（4）：115-117.

沈铭贤．努力使企业成为技术创新的主体［J］．毛泽东邓小平理论研究，2007（2）.

斯蒂格利茨．政府在市场经济中的角色［M］．北京：中国物质出版社，1998.

田红娜，佟光霁．区域创新体系的国内外研究综述［J］．哈尔滨商业大学学报（社会科学版），2007（1）：33.

王春法，主要发达国家国家创新体系的历史演变与发展趋势［M］．经济科学出版社，2003.

王缉慈．创新的空间：企业集群与区域发展［M］．北京：北京大学出版社，2001.

王鹏，赵捷．区域创新环境对创新效率的负面影响研究——基于我国 12 个省份的面板数据［J］．暨南学报（哲学社会科学版），2011（9）：40-47.

王志刚．推动政府职能从研发管理向创新服务转变［J］．求是，2015（22）.

吴贵生，王瑛，王毅．政府在区域技术创新体系建设中的作用［J］．中国科技论坛，2002（1）.

熊彼特．经济发展理论［M］．北京：商务印书馆，1990.

徐顽强，廖少刚．政府在高新技术发展和创新中的功能分析［J］．江汉论坛，2004（10）.

易红郡．英国大学与产业界之间的"伙伴关系"［J］．清华大学教育研究，2004（2）.

张江平，孟辉．政府在区域创新系统建设中的地位与作用研究［J］．兰州商学院学报，2007（3）：58-59.

张维迎. 博弈论与信息经济学 [M]. 上海：上海人民出版社，1996.

张雅林. 适度政府规模与我国行政机构改革选择 [J]. 经济社会体制比较，2001 (3).

张艳. 区域创新系统内部机制研究 [D]. 西北工业大学硕士学位论文，2005：6.

中国科技发展战略研究小组. 中国区域创新能力报告（2003）[M]. 北京：经济管理出版社，2004.

祝况. 英国政府科技管理体制 [J]. 全球科技经济瞭望，1995：2.

## 英文部分

ASHEIM, 2004. B and M. Gertler: Understanding regional innovation systems [R]. In "Handbook of Innovation". Oxford University Press.

AUTIO E, 1998. Evaluation of RTD in Regional Systems of Innovation [J]. European Planning Studies, 6 (2): 131 - 140.

BRACZYK, H. AND HEIDENREICH, M, 1998. 'Regional governance structures in a globalized world', in: Braczyk, H., Cooke, P. and Heidenreich [M]. (eds), Regional Innovation Systems: The role of govermence in a globalized world.

BRACZYK, H. J., COOKE, P., HEIDENREICH, M. (EDS), 1998. Regional innovation systems: the role of governance in a globalized world. London: UCL Press.

BRACZYK, H. -J., COOKE, P., 1998. Heidenreich, M. (Eds) Regional innovation systems: the role of the governance in a globalized world [C]. London: UCL Press.

CAMAGNIR, 1991. Innovation networks: spatial perspectives [M]. London: Belhaven press.

Cooke P N, BRACZYK H J, HEIDENREICH M H, 1996. Regional innovation systems: the role of govermance in the globalized world [M]. London: UCL Press.

COOKE P, BOEKHOLT P, TODTLING F, 2000. The Governance of Innovation in Europe: Regional Perspective on Global Competitiveness [M]. New York: New York Pinter, 21.

COOKE P, 1992. Regional Innovation Systems: Competive Regmation in the New Europe [J]. Geofonrm, 23.

COOKE & SCHIENSTOCK, G, 2000. Structural Competi-tiveness and Learning Regions. Enterprise and Innovation Management Studies, Vol 1, No. 3. 265 - 280.

COOKE. P, M, 2004. Heidenreich and H-J. Braczyk. Regional Innovation Systems. London: Routledge. 2nd ed.

DOLOREUX, 2005. Bitard and Hommen, Identifying Regional Innovation Systems in a Globalising Economy: A Plead for an Integrated View.

DOLOREUX, 2002. What we should know about regional systems of lnnovation [J]. Tecllnology inSociety, 4 (3).

DOLOREUX D, 2002. What we should know about regional systems of innovation. Technology in Society, Volume24, Number3, August: 243 – 263 (21).

FRANEO MALERBA LUIGIORSENIGO, 1996. Sehum Peterian Patterns of innovation are Teehnology-speeifie [J]. Researeh Poliey (25): 451 – 478.

HOWEL, 1999. "Regional Systems of Innova-tion?" in Archibug, i Daniele, Jeremy Howells & Jonathan Michie (eds): Innovation Policy in a Global Economy, Cam-bridge University Press, 67 – 93.

ISAKSEN, A, 2001. "Building regional innovations systems: is endogenous industrial development possible in the global economy?", Canadian Journal of Regional Science, XXIV, 1.

MICHAELTrtppl. Franz T、Dtling, 2007. Developing Biotechnohgy Clusters in Non-high Technology Regiona: the Case of Austria [J]. Industry and Innovation, 14 (1): 47 – 67.

PAK TEE NG, 2004. The Learning Organization and the Innovative Organization [J]. Human Systems Management, 23 (12): 93 – 100.

PERRI 6, 1997. Holistic government [M]. London: Demos.

PERRI 6, DIANA LEAT, KIMBERLY SELTZER, 2002. Towards Holistic Governance: The New Reform Agenda, Houndmills, Basingstoke, Hampshire: PALGRAVE.

RADOSEVIE, 2002. Regional Innovation System in Central and Eastern Europe: Determinants, Organizers and Alignments. Journal of Technology Transfer. (27): 87 – 96.

REVILLA DIEZ. M KIESE, 2009. Regional Innovation Systems [M]. International Encyclopedia of Human Geography. Oxford: Elsevier 246 – 251.

SAMANTHA SHARPE & CRISTINA MARTINEZ, 2007. Measuring regional knowledge resources: What do knowledge 0ccupations have to offer [J]. Innovation Management, Policy & Practice. 9 (3/4): 262 – 275.

STERNBERG, 2009. Innovation [M]. International Encyclopedia of Human Geography. Oxford: Elsevier: 481 – 490.

STERNBERG, 1997. The regional world [M]. New York: Guilford Press.

TODTLING, 2009. Regional Development, Endogenous [M]. International Encyclopedia of Human Geography. Oxford: Elsevier: 208 – 213.

UK patent office. Intellectual property in government research contracts. 2001.

UK. HM, 2004. Treasury and Department for Trade and Industry. Science & innovation investment framework 2004 - 2014 [R]. http: //www. hm-treasury. gov. uk/media/95846/spend04 _ science-doc _ 1 _ 090704. pdf.

WIIG H, WOOD M, 1995. What comprises a regional innovation system-An empirical study [J]. European Planning Studies (07): 3.

# 附录　河南省乡村创新政策（2015—2019）绩效调查问卷

**尊敬的女士或先生：**

您好！为研究 2015—2019 年以来河南省乡村创新政策的实施绩效，我们设计了以下问卷。希望能得到您的支持与帮助。

本问卷调查纯属学术研究，问卷无需您填写姓名，问题的选择也没有对错之分，请你放心答题。您的每一个选择对我们的研究都十分重要，请您在所给出的答案中选择一个您认为合适的答案，并划上"√"。多项选择题会特别注明。

非常感谢您抽出宝贵时间参与我们的课题！

## 一、基本信息

1. 您所在的企业属于什么行业
   - A. 软件产业
   - B. 集成电路产业
   - C. 新材料产业
   - D. 生物医药产业
   - E. 现代通信产业
   - F. 光电一体化产业
   - G. 其他企业

2. 您所在企业的雇员人数
   - A. 少于 50 人
   - B. 50～99 人
   - C. 100～199 人
   - D. 200～499 人
   - E. 500 人以上

3. 您所在企业的年销售额
   - A. 3 000 万元以下
   - B. 3 000 万～1 亿元
   - C. 1 亿～10 亿元
   - D. 10 亿元以上

4. 您所在的企业是否被认定为高新技术企业
   - A. 是
   - B. 否

5. 您的职务
   - A. 高层管理人员
   - B. 高级技术人员
   - C. 其他人员

6. 您的学历状况
   - A. 本科
   - B. 硕士
   - C. 硕士以上
   - D. 其他

## 二、单项选择题

1. 您对河南省近五年（2015—2019 年）颁布的科技创新政策了解多少？
   A. 不了解　　　　　　　　　B. 不太了解
   C. 了解一点　　　　　　　　D. 比较了解
   E. 十分了解

2. 2015—2019 年相关创新政策实施后，您认为贵企业的专利产出状况如何？
   A. 完全没有得到提高　　　　B. 基本没有得到提高
   C. 一般　　　　　　　　　　D. 有较大提高
   E. 有很大提高

3. 2015—2019 年相关创新政策实施后，您认为贵企业的技术成果转化状况如何？
   A. 完全没有得到提高　　　　B. 基本没有得到提高
   C. 一般　　　　　　　　　　D. 有较大提高
   E. 有很大提高

4. 2015—2019 年相关创新政策实施后，您认为本企业的新产品产值状况如何？
   A. 完全没有得到提高　　　　B. 基本没有得到提高
   C. 一般　　　　　　　　　　D. 有较大提高
   E. 有很大提高

5. 2015—2019 年相关创新政策实施后，您认为贵企业的科技人员研发积极性状况如何？
   A. 完全没有得到提高　　　　B. 基本没有得到提高
   C. 一般　　　　　　　　　　D. 有较大提高
   E. 有很大提高

6. 2015—2019 年相关创新政策实施后，您认为本企业的科技创新投入状况如何？
   A. 完全没有得到提高　　　　B. 基本没有得到提高
   C. 一般　　　　　　　　　　D. 有较大提高
   E. 有很大提高

7. 2015—2019 年相关创新政策实施后，您认为贵企业参与产学研合作或企业之间合作的积极性如何？
   A. 完全没有得到提高　　　　B. 基本没有得到提高
   C. 一般　　　　　　　　　　D. 有较大提高
   E. 有很大提高

8. 2015—2019 年相关创新政策实施后，您认为贵企业享受技术研发费用扣除、大型设备加速折旧、进口关税减免、增值税减免、所得税减免等税收政策优惠措施状况如何？
  A. 完全没有享受到    B. 基本没有享受到
  C. 一般        D. 享受较多
  E. 受益很多

9. 2015—2019 年相关创新政策实施后，您认为政府对贵企业的采购状况如何？
  A. 完全没有得到提高   B. 基本没有得到提高
  C. 一般        D. 有较大提高
  E. 有很大提高

10. 2015—2019 年相关创新政策实施后，您认为贵企业享受知识产权担保贷款、风险资本融资、证券市场融资、科技贷款等金融政策的优惠状况如何？
  A. 完全没有得到提高   B. 基本没有得到提高
  C. 一般        D. 有较大提高
  E. 有很大提高

11. 2015—2019 年相关创新政策实施后，您认为贵企业享受政府财政专项资金资助（包括人才培养、科研设备、研发中心、科技项目等）的状况如何？
  A. 完全没有得到提高   B. 基本没有得到提高
  C. 一般        D. 有较大提高
  E. 有很大提高

12. 2015—2019 年相关创新政策实施后，您认为对贵企业的贸易（包括国内贸易与国际贸易）促进状况如何？
  A. 完全没有得到提高   B. 基本没有得到提高
  C. 一般        D. 有较大提高
  E. 有很大提高

13. 2015—2019 年相关创新政策实施后，您认为政策对贵企业的专利、发明等成果的保护状况如何？
  A. 完全没有得到提高   B. 基本没有得到提高
  C. 一般        D. 有较大提高
  E. 有很大提高

14. 2015—2019 年相关创新政策实施后，您认为贵企业获取科技中介机构服务的便利程度如何？

    A. 完全没有得到提高　　　　B. 基本没有得到提高

    C. 一般　　　　　　　　　　D. 有较大提高

    E. 有很大提高

15. 2015—2019 年相关创新政策实施后，您认为政府机构的服务水平提升状况如何？

    A. 完全没有得到提高　　　　B. 基本没有得到提高

    C. 一般　　　　　　　　　　D. 有较大提高

    E. 有很大提高

16. 2015—2019 年相关创新政策实施后，您认为技术市场上创新成果的交易状况如何？

    A. 完全没有得到提高　　　　B. 基本没有得到提高

    C. 一般　　　　　　　　　　D. 有较大提高

    E. 有很大提高

17. 2015—2019 年相关创新政策实施后，您认为各种技能人才在企业、大学、公共部门之间的流动状况如何？

    A. 完全没有得到提高　　　　B. 基本没有得到提高

    C. 一般　　　　　　　　　　D. 有较大提高

    E. 有很大提高

18. 2015—2019 年相关创新政策实施后，您认为政府的财政科技投入状况如何？

    A. 完全没有得到提高　　　　B. 基本没有得到提高

    C. 一般　　　　　　　　　　D. 有较大提高

    E. 有很大提高

19. 2015—2019 年相关创新政策实施后，您对政策实施的社会资源效应满意程度如何？

    A. 完全没有得到提高　　　　B. 基本没有得到提高

    C. 一般　　　　　　　　　　D. 有较大提高

    E. 有很大提高

20. 2015—2019 年相关创新政策实施后，您认为与政策有关的利益及成本公平分配状况如何？

    A. 完全没有得到提高　　　　B. 基本没有得到提高

    C. 一般　　　　　　　　　　D. 有较大提高

    E. 有很大提高

21. 2015—2019 年相关创新政策实施后，您认为对河南社会发展存在怎样的影响？

| | 较大负面<br>影响 | 一定负面<br>影响 | 一般 | 一定的正面<br>影响 | 较大的正面<br>影响 |
|---|---|---|---|---|---|
| 人口素质提升的影响 | | | | | |
| 环境保护的影响 | | | | | |
| 基础设施建设的影响 | | | | | |
| 人民生活水平的改善 | | | | | |

## 三、多项选择题

1. 2015—2019 年乡村创新政策实施后，选出您认为没有起到相应作用的政策手段
   A. 政府行政调控　　　　　B. 财政政策　　　　　C. 税收政策
   D. 金融政策　　　　　　　E. 知识产权政策　　　F. 国际贸易政策
   G. 信息引导政策　　　　　H. 人才政策　　　　　I. 基础设施供给政策

2. 选出这些政策没有发挥作用的主要原因
   A. 地方政府资源有限　　　B. 为充分发挥市场机制作用
   C. 投资体制约束　　　　　D. 政策覆盖面过宽
   E. 政策措施的协调性不足　F. 缺乏监督惩罚措施
   G. 政策可操作性不强　　　H. 政策资源分配不均匀
   I. 支持企业研发的税收政策较少
   J. 政策对科研重视支持力度不够
   K. 政策无法调动企业对科技成果转化的积极性
   L. 其他_____

3. 您认为河南省乡村创新政策今后应该在哪些方面予以改进？
   A. 进一步发挥财税、金融等政策工具的作用
   B. 充分发挥市场机制的作用
   C. 进一步深化投融资体制改革
   D. 加大研发资金投入，提高企业自主创新能力
   E. 增强政策的针对性，集中支持战略新兴产业发展
   F. 重点培育有望成为新增长点的中小科技企业
   G. 加强人才培养与科研基础研究工作
   H. 建立与完善中介机构激励机制，提高其服务水平
   I. 加强制度创新，建立适应市场经济发展相适应的制度结构
   J. 其他_____

**回答完毕，再次感谢你的合作，祝你工作愉快！**